LE PAGE DISGRACIÉ.

OV L'ON VOID DE VIFS caracteres d'hommes de tous temperamens, & de toutes professions.

PAR Mr TRISTAN l'Hermite, Gentil-homme ordinaire de la suite de feu Monseigneur le Duc d'Orleans.

PREMIERE PARTIE.

A PARIS,

Chez ANDRÉ BOVTONNÉ, au Palais, sur le grand Perron de la Ste Chapelle, joignant la petite Porte de Monsieur le Premier President, à la belle Etoille.

M. DC. LXVII.
AVEC PRIVILEGE DV ROY.

A SON ALTESSE
MONSEIGNEVR
HENRY
DE
BOVRBON,
DVC DE VERNEVIL,
Pair de France, Gouuerneur & Lieutenant General pour le Roy en Languedoc.

ONSEIGNEVR,

Ce Page disgracié oublie

EPISTRE.

les chagrins de sa disgrace, si vous luy faites maintenant un aussi favorable acceüil, que celuy qu'il a receu tant de fois de vostre ALTESSE. Sa jeunesse auoit fait conceuoir de si grandes esperances, de tout ce qu'il y auoit d'honnestes gens dans la Cour, qu'on ne peût douter que les precoces qu'il en auoit données, ne fussent ensuitte des fruits dignes d'estre seruis à la Table du Fils du Grand Henry. Ie veux dire, MONSEIGNEVR, que ce Page outre l'excellente éduca-

EPISTRE.

tion qu'il a receuë chez vous, y a apporté vne jeuneſſe ſi enjoüée, que les traits en ſont tout eſprit & dignes d'eſtre apportez, comme des mets tres-exquis & tres-delicieux à voſtre Table, où les ſages propos, & les pointes d'eſprit ſont plus à écouter que les Sympoſiaques des plus ſçauans Philoſophes. Ce Page, Monseigneur, cherche à vous entretenir aux heures qui ſuccedent à vos occupations ſerieuſes, afin que ſon enjoüement & la ſoupleſſe de ſes ingenieuſes

EPISTRE.

intrigues puissent délasser vostre esprit, & contribuer à vostre divertissement par quelque chose qui surprenne l'imagination. Il y paroist, Monseigneur, ie ne sçay quoy d'ingenu & de spirituel tout ensemble, qui promettoit les belles productions de son esprit, qui ont éclaté dans les Ruelles les plus épurées & les Cercles des esprits les plus delicats. Mais, Monseigneur, comme la lumiere donne l'éclat à la beauté des objets; que la joye escoute plus vo-

EPISTRE.

lontiers la symphonie que la tristesse d'ailleurs rendroit importune & desagreable ; aussi dans vn temps où le Myrthe & les Roses sont ionchées dans vostre Palais, il se figure que parmy les resioüissances de l'Hymen, les galanteries de sa ieunesse & les éuenemens facetieux dont elle a esté agreablement surprise, seront de saison & vn amusement qui pourra contribuer à la feste , où

EPISTRE.

Le jeu, le ris & la dance
Sont par tout en abondance,
Les delices ont leur tour,
La tristesse se retire,
Et personne ne souspire,
S'il ne souspire d'amour.

Et comme, Monseigneur, *il a esté vostre Page, & qu'il a eu toûjours un favorable accez auprés de vôtre* Altesse, *dont la seule presence luy a inspiré le courage & la vertu, qui ont honoré le reste de sa vie, il a creu qu'il seroit trop*

EPISTRE.

recompensé, si vn iour il pouuoit paroistre deuant vous quelque chose de sa façon, qui ne vous fust pas desagreable ; puis qu'il a esté iusqu'au dernier soûpir de sa vie, vn de vos plus fideles seruiteurs ; par ce titre, MONSEIGNEVR, j'ose esperer, que vous offrant les ouurages de sa ieunesse, qui sont veritablement des marques d'vn agreable esprit, que vous ne reietterez pas la main de celuy qui vous les presente, qui est animée d'vn mesme zele pour vostre

EPISTRE.

Altesse, & qui ne croit point de titre plus glorieux que celuy,

MONSEIGNEVR,

De Vostre ALTESSE,

Le tres-humble & tres-obeïssant seruiteur
BOVTONNE'.

Le Libraire au Lecteur.

SI la beauté se conserue dans les corps les plus fragiles, les beaux Ouurages que l'esprit produit, doiuent estre immortels; le feu sieur Tristan l'Hermite, dont la reputation est encore toute viuante, & que le Parnasse reuere entre les Demidieux, qui ont le plus augmenté sa gloire, nous a laissé tant de renaissantes images de cet excellent naturel, qu'il eut a bien écrire en tous genres, qu'entre ses œuures ie n'ay pas estimé que le Roman de sa vie fust des moins acheuez, puisqu'en cet Ouurage il s'est voulu peindre soy-mesme & representer auec la viuacité de son esprit, la facilité qu'il auoit à s'énoncer, les auantages de sa naissance & les mal-heurs de sa

AV LECTEVR.

fortune. Cette diuersité de sujets ne donneroit pas de degoust au Lecteur, quãd nostre Autheur ne seroit pas mesme si celebre. Pour rendre cette lecture plus intelligible, i'ay encore adiouté la clef & les annotations qui seruent à l'esclaircissemẽt de quelques noms propres & autres passages obscurs, que l'Autheur auoit ainsi fait imprimer pour des considerations qui me sont inconnuës, & qui cachoient vne partie des beautés de ce Roman qui a si peu veu le iour, qu'il paraistra sans doute en sa premiere lumiere; l'Autheur a aussi laissé quelques fragments d'vn troisiéme volume, qu'il se promettoit faire imprimer, & plusieurs beaux Vers que ie m'efforceray d'assembler, si le Lecteur parest satisfait de cet essay, que mes soins donnent à sa curiosité.

PRELVDE

PRELVDE DV PAGE DISGRACIE'.

CHAPITRE PREMIER.

CHER Thirinte, ie connois bien que ma resistáce est inutile; & que vous voulez absolument sçauoir tout le cours de ma vie, & quelles ont esté iusqu'icy les postures de ma fortune. Ie n'ay pas

A

resolu de faire languir dauantage voſtre curieux deſir; mais i'ay bien de la peine à prendre la reſolution d'y ſatisfaire. Comment auray-je la hardieſſe de mettre au iour des auantures ſi conſiderables? & comment eſt-il poſſible que vous rencontriez quelque douceur en des matieres où i'ay trouué tant d'amertume? & que ce qui me fut ſi difficile à ſupporter, vous ſoit agreable à lire? Puis, que dira-t'on de ma temerité d'auoir oſé moy-méme écrite ma vie auec vn ſtile qui a ſi peu de grace & de vigueur? veu qu'on a bien oſé blâmer vn des plus excellens Eſprits de ce ſiecle, à cauſe qu'il ſe met quelquesfois en jeu dans les nobles & vigoureux eſſais de ſa plume? Il eſt vray que ce merueilleux Genie parle quelquesfois à ſon auantage en ſe dépeignant luy méme: & ie puis dire que n'ayant au-

DISGRACIÉ.

cune matiere de me loüer en cet Ouurage, ie ne pretends que de m'y plaindre. Ie n'écris pas vn Poëme illuftre, où ie me veüille introduire comme vn Heros; ie trace vn Hiftoire deplorable, où ie ne parois que comme vn objet de pitié, & comme vn joüet des paffions des Aftres, & de la Fortune. La Fable ne fera point éclatter icy fes ornemens auec pompe; la Verité s'y prefentera feulement fi mal-habillée qu'on pourra dire qu'elle eft toute nuë. On ne verra point icy vne peinture qui foit flattée, c'eft vne fidele copie d'vn lamentable Original; c'eft comme vne reflexion de miroir. Auffi i'ay beaucoup de fujet de craindre que ma trop grande ingenuité ne vous caufe quelque degouft en cette lecture. Le recit des chofes qui font inuentées, a fans doute beaucoup plus d'agrémens, que la relation des veritables: pource que d'ordinaire les euenemens d'vne vie se trouuent ou communs, ou rares. Toutesfois, la mienne a esté iusqu'à cette heure si trauersée, & mes voyages & mes amours sont si remplis d'accidents, que leur diuersité vous pourra plaire. I'ay diuisé toute cette Histoire en petits chapitres, de peur de vous estre ennuyeux par vn trop long discours, & pour vous faciliter le moyen de me laisser en tous lieux, où ie pourray vous estre moins agreable.

DISGRACIÉ.

*L'ORIGINE ET NAISSANCE
du Page disgracié.*

CHAPITRE II.

IE suis sorty d'vne assez bonne Maison, & porte le nom & les armes d'vn Gentil-homme assez illustre, & qui comme vn autre Pericles fut grand Orateur, & grand Capitaine tout ensemble. L'Histoire luy donne beaucoup de loüanges pour auoir esté l'vn des principaux Ministres de cette heureuse guerre qui se fit en la Terre saincte il y a cinq cens tant d'années : & ie puis dire qu'il y auoit autresfois d'assez grands honneurs & assez de biens en nostre famille. Mais comme on apperçoit en toutes les choses vne vicissitude perpetuelle, & que selon les secrettes & iustes loix de la Diuine prouidence les petites fortunes sont esleueés, & les grandes sont aneanties, i'ay veu comme disparoistre en naissant, la prosperité de mes peres. Deux partages qui s'estoient faits en nostre Maison, dont l'vn fut entre neuf enfans, diminuerent beaucoup sa grandeur. Mais vn grand procez criminel où mon pere fut enuelopé dés l'âge de dix-sept ans acheua presque sa ruine. Cette affaire cousta beaucoup de biens à ce Gentilhomme, & si dans cette grande jeunesse, il n'eust fait éclater vne grande vertu, ce mal-heur luy eust cousté la vie. Ie ne vous déduiray point toute cette auanture, elle est trop funeste & trop longue, & vouloir la representer sur ce papier, seroit vouloir escrire l'Histoire de l'Escuyer auantureux, & non pas les auantures du PAGE DISGRACIE'. Il suffira que ie vous die qu' vn des plus grands Capitaines de nostre siecle, & des plus belles, & des plus excellentes femmes du monde, s'employerent pour son salut, & qu'à la faueur de ses amis, il suruint miraculeusement vne grace du Roy qui le fit sortir glorieusement d'vne si dangereuse affaire.

Ce fut durant cette conjoncture qu'il fit connoissance auec vn vieux Gentil homme de bonne naissance, & de grand merite; qui trouuant mon pere bien fait & d'vne agreable conuersation se proposa d'en faire son gendre, encore que mon pere fut d'vne Prouince fort eloignée du lieu de son habitation, &

qu'il ne connut pas entierement quel eſtoit l'eſtat de ſes affaires; la choſe ne luy fut pas difficile à mettre à bout; cettuy-cy qui eſtoit puiſſant en amis, & d'vn eſprit fort agreable, rendit tant de bons offices à mon pere, & luy fit conceuoir tant d'affection pour luy, qu'en peu de temps il conclut d'eſpouſer ſa fille, qu'il amena incontinent apres dans le païs où ie ſuis nay. Deux ou trois ans en ſuite ie vins au monde, & ceux qui ont rectifié auec ſoin le poinct de ma natiuité, trouuent que i'eus Mercure aſſez bien diſpoſé, & le Soleil aucunement fauorable : il eſt vray que Venus qui s'y rencontra puiſſante, m'a donné beaucoup de pente aux inclinations, dont mes diſgraces me ſont arriuées. Ie croy que cette premiere impreſſiõ des Aſtres laiſſe des caracteres au naturel qui ſont difficiles à effacer : & que s'ils ne forcent iamais, au moins ils enclinent sans cesse ; on dit que le Sage peut dompter cette diuine violence ; mais il faut aussi qu'il soit veritablement sage, & l'on ne trouue gueres d'esprits de cette marque. Il faut qu'vne bonne esleuation soit bien assistée de la Philosophie pour combatre toûjours auec auantage des ennemis qui nous sont naturels, & qui comme des hydres repullulent incessamment & se renforcent bien souuent par leur deffaite. Les saints Personages le pourroient bien dire, eux dont les ames ne regardent plus que le Ciel, & qui sont toutesfois nuit & iour assaillis par de dangereuses tentations, contre lesquelles ils ne sont point asseurez apres auoir gaigné de grandes batailles. Il est vray que pour rendre leur merite plus grand, Dieu permet que les Demons s'en meslent, & lors c'est vne cause estrangere qui nous fait tousiours de mauuaises propositions.

L'ENFANCE ET L'ELEVATION du Page disgracié.

CHAPITRE III.

A Peine auois-je trois ans, que mon ayeule maternelle, vint voir sa fille ; & portée de cette ardente & naturelle amour qui descend du sang, me demanda pour m'esleuer ; ainsi ie commencay à me dépaïser, & n'ayant apperceu iusqu'alors que des arbres & la tranquilité de la campagne, ie vins à considerer les diuers ornemens, &

le tumulte d'vne des plus celebres villes du monde. On ma dit souuent que ie témoignois en ce bas aage vne assez grande viuacité d'esprit : & que ma curiosité ne pouuoit estre contentée, encore qu'on prit assez de plaisir & de soin à respondre à toutes mes demandes : les objets qui se presentoient en foule à mes yeux auec vne diuersité si grande, n'estoient point capables de satisfaire à l'actiuité de mon esprit ; ie me faisois entretenir des choses plus solides que celles qu'on a de coustume de digerer pendant vne enfance si tendre. Ie m'informois mesme auec empressement des choses qui concernent l'autre vie, & les mysteres de nostre Religion. Vn Prince de l'Eglise, de mes proches parens fut émerueillé des choses qu'il ouït dire de moy, & fut encore plus surpris lors que me caressant vn iour, & me raillant sur des demandes que i'auois faites de la forme des Enfers, ie luy témoignay en ma maniere de m'exprimer, que ie doutois qu'il y eut des tenebres où il y auoit de si grands feux allumez. Ie vous diray que ie n'auois gueres plus de quatre ans que ie sçauois lire, & que ie commençois à prendre plaisir à la lecture des Romans que ie debitois agreablement à mon ayeule; & à mon grand pere, lors que pour me détourner de cette lecture inutile, ils m'enuoyerent aux Escoles pour apprendre les elemens de la lange Latine. I'y employay mon temps, mais ie n'y appliquay point mon cœur; i'appris beaucoup, mais ce fut auec tel degoust d'vne viande si fort insipide, qu'elle ne me profita gueres : on m'auoit laissé gouster auec trop de

DISGRACIÉ.

licence les choses agreables, & lors que l'on me voulut forcer à m'entretenir d'autres matieres plus vtiles, mais difficiles, ie ne m'y trouuay point disposé. I'apprenois pource que ie craignois les verges, mais ie ne retenois gueres les choses que i'auois apprises. Ie perdois en vn moment les thresors que l'on m'auoit fait serrer par force, & ne les retrouuois que par force; pource que ie n'y auois point d'affection.

COMME LE PAGE
disgracié entre au service d'vn Prince.

CHAPITRE IV.

L'Estude m'auoit donné tant de melancholie que ie ne la pouuois plus supporter, lors qu'vne bonne fortune m'arriua qui me fit changer de façon de vivre : mon pere auoit eu l'honneur de seruir vn des plus grands & des plus illustres Princes du monde pendant les guerres ; & cette ame toute royale, & qui n'auoit point de plus grande passion que celle de faire du bien à tout le monde : Ce Prince, dis-je, dont la memoire est immortelle, se ressouuint vn iour que mon pere l'auoit fidelement seruy; & pour luy tesmoigner son noble ressentiment, s'estant enquis s'il auoit des enfans, luy commanda de me presenter à luy, protestant qu'il vouloit que ie fusse nourry auprés d'vn des siens. Mon ayeule transportée de joye d'vne si agreable nouuelle, fit les frais de mon equipage pour vne si belle occasion; & i'eus l'honneur d'aller saluer ces Princes en la compagnie de mon pere, & de mon oncle maternel, Personnage d'vne tres-illustre vertu, & d'vne grande authorité. Ie fus tout éblouy de la magnificence & des beautez du Palais où l'on me mena; & principalement de la splendeur qui sortoit de ces deux diuines personnes à qui l'on m'offroit: le pere me trouua ioly, & m'honora de caresses particulieres; & le fils m'accepta & me receut fauorablement.

Nous estions presque d'vn âge & de mesme taille ; mais il estoit d'vne beauté merueilleuse, & d'vne gentillesse d'esprit qui faisoit deslors prodigalement les promesses que ses grandes vertus ont depuis acquitées auec vsure. A nostre premiere rencontre, ie fis en mon cœur vne forte & fidele impression de son merite : & comme il estoit d'vn excellent naturel, il eut beaucoup d'affection pour moy : soit que ce fut par vne secrette reconnoissance de mon zele, ou par vne naturelle inclination. Dés que ie fus à son seruice, on pouuoit dire, que i'y estois vrayment attaché : les perfections du Maistre, estoient de pressantes chaisnes pour le seruiteur. I'estois toûjours aussi prés de luy que son Ombre : ie le voyois dés qu'il auoit les yeux ouuerts, & ie ne cessois point de le voir iusqu'à ce que le sommeil les luy fermast. I'estois spectateur & imitateur de ses exercices ordinaires ; i'estois present à ses prieres, à ses estudes, & à tous ses diuertissemens. Mon Maistre n'auoit point de Pedant pour Precepteur : celuy qu'on auoit choisi pour l'instruire, estoit vn homme de lettres fort poly, qui luy faisoit apprendre les plus belles choses de l'Histoire, & de la Morale en se joüant. Ce grand homme sçauoit parfaitement l'art d'esleuer la jeunesse, & en auoit fait preuue en l'instruction d'vn de mes parens, qui fut possible du consentement de tous, vn des plus eloquens & des plus habiles Personnages de nostre siecle : cettuy-cy prit vn soin particulier de ma nourriture par vne iuste reconnoissance de l'obligation qu'il auoit aux miens ; mais le zele ardent qu'il auoit pour l'auancement de son principal Disciple, l'empeschoit de prendre assez curieusement garde à moy. Il se donnoit bien la peine de m'enseigner tout ce qu'il monstroit à mon Maistre qui me pouuoit faire arriuer aux bonnes connoissances, & à la Vertu: mais il ne pouuoit prendre tout le soin qui estoit necessaire pour me detourner de voir & de suiure les mauuais exemples, que me donnoient beaucoup de jeunes gens libertins, que ie voyois dans la maison. Il eust falu pour mon bon-heur, qu'vn aussi digne Precepteur que celuy-là, se fust donné tout à moy, & m'eût toûjours regardé de prés. La jeunesse encline aux licences, est si sujette à prendre de mauuaises habitudes, qu'il ne faut rien pour la corrompre. C'est vne table d'attente pour les bonnes ou pour les mauuaises impressions:

mais elle est beaucoup plus susceptible des mauuaises, que des vertueuses. Il se trouue des hômes faits qui se fortifient aux bonnes mœurs parmy les occasions du vice : mais cela seroit comme miraculeux si l'on voyoit des enfans conseruer leur innocence sans tâche parmy les mauuaises compagnies. Ie ne fus donc pas long-temps en cette Cour, sans y voir des postiqueries, & sans y prendre la teinture de quelques petits libertinages.

LE PAGE

*L'AFFINITÉ QU'EUT
le Page disgracié auec vn autre
Page de la Maison, dont l'amitié luy fut preiudiciable.*

CHAPITRE V.

JE n'auois rien qu'vn camarade, qui fut en mesme posture auprés de mon Maistre; & dont on prit soin comme de moy; & cettuy-là estoit vn enfant d'illustre naissance, & qui sentoit bien son enfant d'honneur. Ie l'honorois & l'aimois fort, à cause de la bonté de son courage: & de celle de son naturel; nous briguions ensemble les faueurs de nostre Maistre sans enuie; il n'estoit pas jaloux de la memoire que i'auois beaucoup meilleure que luy, & par mal-heur il ne me donna pas d'emulation pour le iugement qu'il auoit meilleur que moy. Ie le soufflois souuent à l'estude pour le faire souuenir des choses qu'il auoit oubliées, mais il estoit capable de m'auertir en toutes occasions, de ce qui concernoit mon deuoir. C'estoit vn garçon si sage que ie ne me pouuois iamais peruertir en sa compagnie : mais mon mauuais destin voulut que ie fisse connoissance auec vn certain Page le plus malicieux, & le plus fripon de la Cour. I'ay sujet de croire que ce fut l'organe dont se seruit mon mauuais genie pour me tenter & me destruire. Ce mauuais Demon trauesty sceut interrompre par son artifice, le cours heureux de mes estudes, en me monstrant secretement les subtils preceptes d'vn art qui ne tend qu'à damner les ames. Ce fut luy qui m'apprit le premier l'vsage des dez & des cartes ; & qui se seruant de mon innocence pour s'emparer du peu d'argent que i'auois, me fit folement piquer du desir de reparer mes pertes ; & m'engager toûjours plus auant dans le malheur, par les instigations d'vne trompeuse & fole esperance. Il m'imprima de telle sorte cette passion, qu'elle se rendit bien-tost égale à celle que i'auois pour l'estude, & à quelque temps de là l'on ne me pouuoit gueres surprendre sans auoir des dez dans mon écritoire, & des cartes parmy mes liures : & mesme ce déreglement alla si loin, que ie me defaisois souuent pour joüer, des choses qui m'estoient necessaires pour apprendre, & que de tous les liures que i'auois accoustumé de feüilleter, il ne me restoit plus rien que des cartes. Noſtre Precepteur ne fut pas long-temps à s'auiſer de mes débauches; mais il luy fut impoſſible de m'en retirer: il employa vainement ſes verges & ſes preceptes ſur ce ſujet; le mal eſtoit deſia trop enraciné. Ie promettois ſouuent de ne joüer plus, les larmes aux yeux, mais dés qu'il m'auoit perdu de veuë, i'auois trois dez, ou vne paire de cartes entre les mains. Ce qui me rendit le plus incorrigible, c'eſt que la gentilleſſe de mon eſprit en vn ſi bas âge, m'auoit acquis d'illuſtres amis, qui m'empeſchoient d'eſtre corrigé. Si toſt que ie croyois auoir eſté ſurpris en faute, & que i'apprehendois de rendre quelque compte à noſtre Precepteur, ie m'allois ietter entre les bras de ces perſonnes puiſſantes, prés de qui i'eſtois en vn ſeur azile. Beaucoup de jeunes Princes dont i'auois l'honneur d'eſtre connu, obtenoient fort ſouuent ma grace; & m'aſſurant ſur leurs ſuffrages, ie conceuois vne forte eſperance de pecher auec impunité. Voyez vn peu comme les puiſſances dont la faueur me deuoit eſtre auantageuſe, s'employoient pitoyablement pour ma perte! & comment les bonnes qualitez que i'auois, me faiſoient trouuer le moyen de me maintenir dans les mauuaiſes. Au reſte l'amour que i'eus pour le jeu, acheua de me dégouſter de l'abſintedes premieres lettres. Ie trouuois des plaiſirs par tout fors à l'étude, & au lieu de repeter mes leçons, ie ne m'appliquois qu'à lire & debiter des comptes friuoles; Ma memoire eſtoit vn prodige, mais c'eſtoit vn arſenal qui n'eſtoit muny que de pieces fort inutiles. I'eſtois le viuant repertoire des Romans, & des comptes

DISGRACIÉ

contes fabuleux; i'estois capable de charmer toutes les oreilles oisiues; ie tenois en reserue des entretiens pour toutes sortes de differentes personnes, & des amusemens pour tous les âges. Ie pouuois agreablement & facilement debiter toutes les fables qui nous sont connuës, depuis celles d'Homere & d'Ouide, iusqu'à celles d'Esope & de Peau d'asne.

Lors que la Cour faisoit du seiour en quelques-vnes des Maisons Royales, tous les jeunes Princes auoient leur appartement l'vn prés de l'autre: & c'estoit durant ce temps-là que i'auois plus de liberté de les aller entretenir. Il y en auoit souuent quelqu'vn qui se trouuant indisposé, me demandoit à nostre Precepteur, pour luy faire passer le temps, & l'endormir auec mes contes. Leur santé estoit si precieuse,

B

que l'on n'auoit point d'égard en cette occasion au temps que ie perdois, & moy i'estois rauy de le perdre. C'estoit lors qu'estant trouué necessaire au diuertissemēt de quelque Grand, i'entreprenois hardiment des actions qui n'estoient pas necessaires à mon repos : comme i'auois vn mediateur asseuré, i'allois asseurement joüer & me battre auec quelqu'vn de mes pareils. Mon Precepteur auoit quelquesfois des roolles tous entiers des postiqueries que i'auois faites, & pour lesquelles i'auois merité d'estre foüetté plus de douze fois ; & cependant il ne m'en coustoit qu'vne larme ou deux, que la crainte me faisoit repādre, & quelque dolente supplication que i'addressois de bonne grace à quelqu'vn de ces jeunes Astres. Il me souuient qu'il y en eust vn de grande importance, qui demanda souuent pardon pour moy durant sa vie, & en la consideration duquel on me fit souuent grace apres sa mort.

MORT DEPLORAILE d'vn des Maistres du Page disgracié.

CHAPITRE VI.

CE jeune Soleil entre nos Princes n'auoit pas encore atteint vn lustre, & donnoit déja de si grandes esperances de ses diuines qualitez, que c'estoit vn merueille. Il estoit extrémement beau de visage, mais il estoit encore plus auantagé pour l'esprit, & le iugement, & disoit presque toûjours des choses si raisonnables, & si sensées qu'il rauissoit en admiration tout ce qui estoit auprés de luy. Il y a eu de grands esprits qui se sont employez à remarquer cette belle vie ; qui fut ensemble si brillante, & si courte qu'elle passa comme vn esclair. Ie n'en diray point les traits d'esprit qui sont possible en aussi grand nombre, & aussi dignes de memoire que beaucoup d'autres que nous estimions. Ie remarqueray seulement icy vn traict enfantin de son naturel enclin à la misericorde. Vn soir qu'il auoit quelque petite indisposition, sa gouuernante, Dame sage & prudente, & qui rendit son nom celebre par sa vertu, s'auisa de m'enuoyer querir pour le diuertir quelques heures auec mes Histoires fabuleuses : & comme ie voulois accommoder mon auditeur, i'eus recours aux Fables d'Esope. Cela l'empeschoit de se diuertir à d'autres passe-téps qui luy eussent donné de l'émotion: & sa santé demeurast quelques iours en repos; i'eus l'honneur de l'entretenir plusieurs fois. Apres que sa patience & sa curiosité m'eurent espuisé de beaucoup d'autres Histoires, où les animaux raisonnoient, ie vins à luy conter vne certaine auanture d'vn loup, & d'vn agneau qui beuuoient ensemble au courant d'vne fontaine. Ie luy representay comme le loup qui beuuoit au dessous de l'agneau le vint accuser de troubler son eau par vne malice noire: ie luy figuray encore l'humble & modeste repartie de ce doux animal, que l'on querelloit mal à propos. Puis apres comme le loup cherchant vn autre pretexte pour deuorer cet innocét, luy reprocha qu'il se souuenoit bien qu'il y auoit deux ans qu'il auoit

B iij

beslé des premiers, en vne certaine bergerie, où les Pasteurs reueillez auoient assommé son grand pere, enfin l'agneau repartit que cela ne pouuoit estre veritable, puis qu'il n'estoit né que depuis deux mois. Là dessus ce jeune Prince voyant où tendoit la chose; tira vistement ses petits bras hors de son lict, & me cria d'vne voix craintiue, ayant presque les larmes aux yeux. *Ah! petit Page, ie voy bien que vous allez dire que le loup mangea l'agneau : Ie vous prie de dire qu'il ne le mangea pas.* Ce trait de pitié fut exprimé si tendrement, & d'vne façon si fort agreable, qu'il rauit en admiration toutes les personnes qui l'obseruerent, & pour moy i'en fus si sensiblement touché, que cette consideration me fit châger sur le champ la fin de ma Fable au gré des sentimens de cette petite Merueille : &

ce fut si adroitement, qu'à peine vn autre eust peu deuiner l'effet de ma complaisance. En suite de cet honneur que i'auois receu, ie ne manquay pas à la premiere occasion à recourir à ce Royal Azile; & de luy presenter quelque matiere pour me faire du bien; c'est à dire pour le supplier d'empescher qu'on me fit du mal. Ce qui me reüssit hautement par vn commandement tres-absolu de ce petit Prince qui se pouuoit bien appeller Grand pour son auguste naissance; mais beaucoup plus pour ses diuines qualitez. O que la pluspart des beaux objets sont fragiles! cette diuine fleur ne fut pas de ces fleurs qu'on nomme eternelles, ce fut vn lys qui ne dura gueres de matins. La terre le rendit au Ciel, auant qu'elle l'eust gardé plus d'vn lustre. Et l'Europe perdit en sa mort de grandes esperances & de grandes craintes. Les plus excellens Medecins furent appellez à sa maladie; comme ceux de cette profession ne s'accordent iamais gueres en leurs iugemens, ils donnerent de differens aduis sur la maniere de le traiter durant son mal: & ne cesserent pas leur dispute apres qu'il eust cessé de viure. Cependant ils furent tous contrains d'auoüer qu'il y auoit quelque mauuais principe en la constitution du corps de ce jeune Prince, qui l'empescha de retenir long-temps sa belle Ame, qui fit connoistre peu deuant que d'aller là haut, qu'elle estoit toute lumineuse. Toute la Cour en prit le dueil auec raison, & i'en eus en mon particulier vn regret fort sensible & fort legitime.

*COMME LE PAGE DIS-
gracié faisoit la cour à son Maistre,
qui estoit tombé malade d'une
fievre tierce.*

Chapitre VII.

Ais il faut que ie quitte cette disgression, pour reuenir au digne Maistre à qui l'on m'auoit donné qui ne manquoit pas de bonté pour moy, que i'employois aussi aux occasions pour me faire pardonner mes fautes. Ie sçauois fort bien prendre mon temps pour le faire agir, quand il en estoit besoin. I'obseruois les iours, où par le progrez qu'il auoit fait à l'étude, & par la sage obeïssance qu'il auoit reduë aux ordres de nostre Gouuerneur, il estoit capable de tout obtenir; & lors ie luy faisois porter parole pour ma grace par mon camarade, lequel à la faueur de son bon naturel, luy faisoit dire des paroles pour mon salut qui portoient abolition. Souuent ie me trouuois present sans estre veu, lors que mon procez se plaidoit; mon Maistre me faisoit tenir caché derriere vne tapisserie, tandis qu'il employoit ses bontez à faire pardonner à ma malice: & que par des prieres ardentes & obstinées il détournoit le iuste chastiment de mes pechez. Nonobstant tous ces artifices, nostre Precepteur ne laissoit pas de me surprendre par fois si finement que mon Maistre ny pas vn autre Prince de mes amis n'en pouuoit estre auerty. Il dissimuloit pour cet effet de sçauoir les pechez que i'auois commis, & me faisoit bon visage toute la veille du iour de ma punition: & moy ne croyant pas auoir rien sur ma conscience, ie me trouuois reueillé le matin à l'improuiste. Mais quand mon Maistre estoit tant soit peu malade, tout ce qui pouuoit preiudicier à sa santé estoit de telle importance, que l'on n'osoit me chastier durant le temps de peur de prouoquer ses larmes: & par là redoubler son mal. Tellement que ses maladies faisoient augmenter les miennes, & me donnoient l'audace de tout entreprendre insolemment. Il aduint vne fois qu'il tomba malade d'vne fieure tierce, durant laquelle ie n'eus pas seulement le plaisir de n'estudier point, mais encore la liberté de faire tout ce qu'il me pleut. I'estois comme l'intendant des diuertissemens de mon malade; & i'inuentois tous les iours de nouueaux secrets pour

B vj

le réjoüir & le diuertir, qui n'eſtoient pas moins vtiles à ſa gueriſon, que les potions qu'il prenoit. Il n'auoit qu'à ſouhaiter quelque choſe de ce qui eſt en la puiſſance des hommes pour eſtre auſſi toſt ſatisfait, & c'eſtoit moy qui ſelon mes diuers ſentimens luy donnois enuie de toutes choſes.

L'argent ne manquoit nullement durant cette indiſpoſition, & ie luy en fis conſumer en vn mois, plus qu'il n'en auoit pour ſes menus plaiſirs en vne année. Comme ſi ce n'eût pas eſté aſſez de luy faire auoir de toute ſorte de ioüets à ſe diuertir ſur ſon lict, comme des tarots, des jonchets, des triquetracs & autres bagetelles du Palais. Ie luy fis encore employer de grandes ſommes pour auoir des animaux de different prix, les vns communs, & les autres rares. Ie luy donnay enuie d'auoir des cailles nourries à combattre sur vne table, comme il se pratique en Angleterre; afin qu'il eust le plaisir de ce spectacle, & de voir faire deuant luy des gageures par ses seruiteurs à qui demeureroit la victoire. Il eût encore vn grand nombre de beaux cocqs pour le méme effet. En suite, ie luy donnay le desir de me faire acheter des poules de Barbarie, afin que les donnant pour femmes à ces braues capitaines emplumez, nous puissions voir sortir de leur amour quelque nouuelle espece de volatille. Apres, i'achetay pour son diuertissement trois Perroquets tous differens pour la grandeur, & pour le plumage, deux petits singes, vne aigle Royale, & deux jeunes Ours fort priuez. Tellement que l'on disoit que i'auois fait de la maison vne petite Arche de Noé. Ce qu'il y auoit de plus faſcheux en cela pour les domeſtiques, c'eſt qu'on leur faiſoit quiter leurs appartemés, pour y loger tous ces animaux ; leſquels m'auoient couſté beaucoup, & qui reuenoient encore à dauantage à mon Maiſtre. Car ce meſme Page mal conditionné qui m'auoit enſeigné à joüer, m'auoit auſſi appris à ferrer la mule : & ie ne faiſois gueres de marché d'importance, ſans y gagner quelque piſtole : qui toutesfois ne couchoit pas ſouuent auec moy : puis qu'auſſi toſt que i'auois rencontré des joüeurs, ils m'en degarniſſoient auec autant de facilité que ie m'en eſtois accommodé aiſement.

DISGRACIÉ.

D'VNE LINOTE QVI auoit cousté dix pistoles au Maistre du Page disgracié, & qui ne sceut iamais sifler.

Chapitre VIII.

Mon Maistre auoit passé de mauuaises nuicts, & comme il estoit d'vne fort delicate complexion, on n'osoit pas se hazarder à luy faire prendre des potions dormitiues. On employa pour cet effet des Fontaines artificielles qui par leur doux bruit, & la fraischeur qu'elles exhaloient dans sa chambre, luy causerent vn salutaire assoupissement, & pour diuersifier le remede, on se seruit aussi d'vn lut, dont l'harmonie fit le mesme effet. Ie me meslay là dessus d'inuenter vne autre façon de l'endormir les matins agreablement ; ie luy proposay d'auoir quelque excellente linote, qu'on mit dés le point du iour à la fenestre de sa chambre : & ie fus assez effronté pour luy dire que i'en sçauois vne qui estoit vne merueille entre les autres, tant elle siffloit agreablement : & sçachant que la difficulté accroist souuent le desir des choses ; & fait faire de grands efforts, & de grandes dépenses pour les posseder : ie luy dis que la personne à qui appartenoit la linote, en estoit comme ensorcelée : & qu'on ne la feroit iamais resoudre à la vendre, à moins que de luy en offrir beaucoup d'argent ; & luy protester qu'elle estoit necessaire pour auancer la guerison de son A. Ie fis tant en peu de paroles que

DISGRACIÉ. 41

J'eus dix pistoles pour l'acheter, & ie faisois desia mes diligences pour en descouurir quelqu'vne qui fut de reputation; lors que ie rencontray par mal-heur, trois ou quatre Pages de ma connoissance qui joüoient aux dez sur les degrez d'vne grande porte. Ie fus quelque temps à les considerer sans vouloir joüer; mais à la fin la tentation que i'en eus, fut si forte qu'elle vint à bout de ma resistance. Ie m'imaginay que ie gagnerois; ou du moins que ie me retirerois du jeu quand i'aurois perdu la moitié de mon argent, mais ie ne fis ny l'vn ny l'autre : ie joüay dés le commencement de crainte, & apres auoir perdu vne partie de mon argent, ie voulus combatre mon mal-heur auec vne obstination qui me fit perdre l'autre; si bien que de la rançon de la linote imaginée, ie ne me vis plus que deux cars-d'efcu que i'empruntay fur mon dernier refte. Ainfi gros de douleur, rouge de honte, & fans fçauoir à quoy me refoudre, j'allay courant par la ville fans penfer en quel lieu ie me conduirois. Enfin apres mille penfers defefperez, ie pris vne forte refolution de payer d'audace en cette auanture; & d'effuyer conftamment l'orage qui me menaçoit. Ie me rendis auffi toft dans vne certaine place où l'on vend ordinairement vne grande quantité de petits oyfeaux: mais ie fus mal-heureux que ie n'y en trouuay point, pource que ce n'eftoit pas vn iour où l'on fit trafic de cette marchandife; à force de m'informer à beaucoup de gens, où ie pourrois recouurer quelque linote, on m'addreffa chez vn Oyfeleur qui faifoit profeffion de fournir beaucoup de volieres. Il n'eftoit pas alors au logis, & sa femme estoit si scrupuleuse, ou si craintiue qu'elle n'osoit mesme me faire voir de ses oyeaux en son absence, ce qui faillit à me faire desesperer. Enfin comme i'estois fort en peine pour auoir vn oyseau promptement, à cause qu'il y auoit long-temps qu'on m'attendoit auec impatience: ie vis reuenir l'oyseleur qui apportoit sur son espaule vn filet plein de Chardonnerets, & de Bruyans, parmy lesquels nous rencontrasmes par bon-heur vne assez belle linote. Ie luy demanday à vendre, & ie l'eus pour trente sols auec vne cage. Ie reuins aussi tost au logis, & prenant vn visage plus gay que n'estoit mon ame; i'exposay hardiment ma linote sauuage aux yeux de mon Maistre: qui ne fut pas peu resioüy d'apprendre de moy, que i'auois surmonté mille difficultez pour luy faire auoir cet animal incomparable. Il voulut essayer de ioüyr au mesme temps du plaisir qu'il deuoit receuoir par cette chere acquisition, & fit fermer toutes les fenestres de sa chambre, & retirer tout le monde, afin d'assurer ce petit oyseau qui estoit moins effrayé de voir des personnes auprés de sa cage, que d'auoir senty le bec des bruyás que l'on auoit pris au filet, auec luy. Ie trouuay facilement des excuses pour son silence le premier iour que ie l'apportay, mais quand on l'eut veu muet deux ou trois iours, on ne receuoit plus mes deffaites. Cependant ie faisois mille vœux secrets au Ciel, afin qu'il luy deliast la langue; car pour peu que ma linote eust gringnoté quelque ramage, i'eusse fait passer cela pour vne merueille tout au moins, tant ie m'estois preparé d'en dire de loüanges extraor-

DISGRACIÉ. 45

dinaires. Mais ne pouuant receuoir cette consolation qui deuoit couurir aucunement ma friponnerie & me trouuant vn iour ennuyé de ce que mon Maistre ne faisoit autre chose que de me dire en la regardant, *Que veut dire cela petit Page, vostre linote ne dit mot?* Ie luy repartis ingenuëment, *Monsieur, ie vous responds que si elle ne dit mot, elle n'en pense pas moins;* Là dessus toute la compagnie se prit à rire, & mon Maistre mesme qui estoit le plus interessé dans cet affaire, ne peut s'empescher de faire comme les autres: il est vray qu'apres estre reuenu de cette plaisante esmotion il en eut aussitost vne autre qui ne me fut gueres agreable, tesmoignant auoir quelque doute que ie ne l'eusse duppé dans mon achat. Ie paray cette atteinte auec assez d'adresse, protestant toûjours que cette linote étoit excellente; & que si tost qu'elle se seroit asseurée, son petit bec produiroit de grandes merueilles; & par bonne fortune comme ie répondois pour elle, il arriua qu'elle répondit aussi pour moy, dégoisant quelque petit ramage qui fit taire mes accusateurs, & fit que mon Maistre esbranlé de croire ma veritable friponnerie, reprit aussi tost le party de mon innocence imaginaire. Enfin le temps qui a accoûtumé de découurir la verité, trauailloit tous les iours à me conuaincre de mauuaise foy, & i'estois prest d'en porter la peine : lors que les Astres qui me regarderent fauorablemét me donnerent le moyen de me détourner de ce coup. Vn Gentilhomme de mes parens me vint voir durant ce temps-là, qui m'ayant trouué d'vn esprit & d'vne humeur fort agreable, me donna deux pistolles pour

DISGRACIE. 47

les employer à joüer à la paume : ie les femay incontinent apres fur vne table fi feconde à la faueur de trois dez qui la cultiuoient qu'en moins de rien elles multiplierent jufqu'à vingt-cinq ou trente, & dés que ie me fus retiré du ieu, ie me propofay de racheter franchement de dix piftolles vingt coups de verges que i'attendois. Pour cet effet, i'allay chercher vn Acteur pour feruir à ma Comedie : ce fut vn laquais volontaire que i'inftruifis admirablement de tout ce qu'il auroit à dire, & à faire pour me mettre l'efprit en repos. De là ie vins trouuer mon Maiftre auec vn vifage affuré, & luy dis qu'il ne fe mift point en peine pour le filence de fa linote ; & qu'on en rendroit de bon cœur l'argent qu'il en auoit donné, & que de plus ce feroit faire vne grande charité à la perfonne qui l'auoit

venduë, que de luy rendre pour le mesme prix, pource qu'elle auoit conceu vn si grand regret de la perte de son oyseau qu'elle en estoit tombée malade. Là dessus ie luy presentay dix pistolles que i'auois tirées entre celles de mon nouueau gain, mais comme nos esperances sont vaines, & comme les apparences sont trompeuses, ce discours & cette action que i'auois si bien concertez, pour me deliurer d'vne iuste apprehension, ne seruirent qu'à m'embarasser dauātage. Mon Maistre conceut au discours que ie luy fis vne estime toute particuliere de ce qu'il venoit de mespriser, & creut qu'il auoit acheté à vil prix vne marchandise precieuse; Plus ie fis d'efforts d'esprit pour luy persuader de se detromper, & plus il s'obstina dans la creance que sa linote estoit miraculeuse. Ie faillis à enrager de
ses

refus que ie trouuois peu raisonnables, à cause de la science certaine que i'auois de son erreur, & pource que ie m'y cornoissois interressé.

Voicy de quelle sorte ie creus enfin venir à mon honneur d'vne fusée si fort meslée; & c'est possible vne inuention assez subtile, pour auoir esté rencontrée par vn enfant qui n'auoit qu'onze ou douze ans. Aprés m'estre apperceu que ie n'auancerois rien de parler à mon Maistre de se deffaire de la linote. I'allay trouuer nostre Precepteur, & luy presentay les dix pistolles qui deuoient expier mon crime: luy faisant croire que ceux de qui i'auois achepté la linote, les auoient renuoyées pour en demeurer possesseurs, & luy fis du mesme temps paroistre le visage que i'auois pratiqué pour confirmer mes paroles. Desia nostre Precepteur ne s'arrestoit plus qu'à la difficulté qu'il y auoit d'enleuer l'oyseau sans le consentement du Prince, qui estoit assez ferme à vouloir maintenir les choses qu'il auoit en fantaisie. Lors qu'vne femme sanglotante, & qui auoit presque la façon de celles qui sont possedées; se ietta brusquement parmy nous, demandant iustice & misericorde; c'estoit la femme d'vn certain Maistre d'hostellerie peu iudicieux & grand ioueur, à qui i'auois tiré quelque argent, comme il estoit en déroute, & comme il acheuoit de perdre cinq ou six cens escus, sa femme auertie de cette disgrace n'auoit point deliberé sur sa maniere de proceder; elle auoit creu qu'il ne falloit qu'aller crier chez ceux qui auoient gagné l'argent, pour le r'auoir asseurement: que l'on auroit aussi-tost égard à son mesnage & au peu de prudence de son mary. Cette demoniaque ayant appris que i'eſtois vn de ceux qui auoient eu part en la ſomme perduë par ſon mary, s'en vint faire vn tel vacarme en la chambre de noſtre Precepteur, que i'en perdis le ſens & la parole; il me fut impoſſible de luy reſpondre vn mot à propos, tant ie me trouuay confus dans cette auanture. Noſtre Precepteur s'auiſa de mon interdiction, & ſoupçonna que les dix piſtolles qu'il auoit en ſa main fuſſent venuës de ce coſté: mais il ne l'euſt pas pluſtoſt ouuerte pour les montrer à cette endiablée, qu'elle ſe ietta deſſus auec vn grand cry, remarquant toutes leurs eſpeces & faiſant des relations de diuers é-cots qu'on auoit fait chez elle, pour luy donner le moyen de les aſſembler; Ie fus foüillé tout à meſme temps, & l'on trouua d'autres me-dailles dans mes poches qui donne-rent matiere à d'autres Hiſtoires. Le laquais aposté qui se trouua present à ce tumulte, fit ce qu'il put pour s'euader, mais on empescha sa retraite; & dés qu'il se vid pourpoint bas, il fit voir à mon dam la verité toute nuë. L'intrigue que i'auois noué à tant de neuds, fut dissous par cét accident, & ie fus foüetté de bonne sorte, tant pour auoir ferré la mule, que pour auoir inuenté tant de mensonges, & pour auoir ioué à trois dez.

LA PREMIERE CONNOIS-sance que le Page disgracié fit auec vn Escolier débauché qui faisoit des vers.

CHAPITRE IX.

SI cette auanture ne me reforma parfaitement, au moins elle seruit beaucoup à m'empescher de faire habitude de ces vices, de larcin & de mensonge. La confusion que i'en receus, me fut plus sensible que les coups de verges, & fit que ie demeuray long-temps aprés sur mon serieux, & sur ma lecture. I'employay de là en auant la subtilité de mon esprit à des choses agreables à tout le monde, & qui n'estoient preiudiciables à personne. Tantost ie m'appliquois à portraire, ayant beaucoup d'inclination & de disposition à ce bel art: d'autres fois en mes heures de loisir i'apprenois par cœur quelque piece entiere des plus beaux vers dont on fit estime en ce temps-là, & i'en sçauois plus de dix mille, que ie recitois auec autant d'action que si i'eusse esté tout remply des passions qu'ils representoient. Cette gentillesse m'acquit l'amitié de beaucoup de gens, & entr'autres d'vne troupe de Comediens qui venoient representer trois ou quatre fois la semaine deuant toute cette Cour, où mon Maistre tenoit vn des premiers rangs. Il me souuient qu'entre ces Acteurs, il y en auoit vn illustre pour l'expression des mouuemens tristes & furieux: c'estoit le Rossius de cette saison, & tout le monde trouuoit qu'il y auoit

DISGRACIÉ.

vn charme secret en son recit. Il estoit secondé d'vn autre personnage excellent pour sa belle taille, sa bonne mine, & sa forte voix, mais vn peu moindre que le premier pour la maiesté du visage & l'intelligence. I'aymois fort ces Comediens, & me sauuois quelquefois chez eux, lors que i'auois quelque secrette terreur, & que nostre Precepteur m'auoit fait quelque mauuais signe. Ils faisoient grande estime de moy à cause de mon esprit & de ma memoire, qui n'estoient pas des choses communes; & lors que ie leur allois dire que i'estois en peine, & que nostre Precepteur me faisoit chercher, ils [...] moyen de me cacher, & m'amenoient auec eux au Palais, lors qu'ils y alloient representer, dés que mon Maistre passoit derriere leur Theatre pour leur parler en attendant qu'ils fus-

C iiij

sent prests à ioüer, ils ne mãquoient pas de luy venir faire en Corps vne requeste en ma faueur. Mon Maistre qui ne m'auoit veu de deux ou trois iours, & qui sçauoit bien que i'estois sur le papier rouge, estoit aussi-tost touché de leur priere, & en addressoit sur le champ vne autre à nostre Precepteur, qui ne se pouuoit defendre de promettre mon abolition : & lors que i'auois ouy les mots efficaces, ie sortois promptement de derriere quelque basse de viole, où ie m'estois tenu à refuge, & me venois ietter aux pieds de mon Maistre pour le remercier de cette nouuelle grace qu'il ____ pour moy. Vn iour que i'auois eu quelque demangeaison aux poings, & que ie les auois frotez vn peu rudement contre le nez d'vn ieune Seigneur de mon âge & de ma force, ie m'allay sauuer parmy le Cothurne. C'eſtoit vn iour que les Comediens ne ioüoient point, mais ils ne pouuoient toutefois l'appeller de repos: il y auoit vn ſi grand tumulte entre tous ces débauchez qu'on ne s'y pouuoit entendre. Ils eſtoient huit ou dix ſous vne treille en leur iardin, qui portoient par la teſte & par les pieds vn ieune homme enuelopé dans vne robe de chambre : ſes pantoufles auoient eſté ſemées auec ſon bonnet de nuit dans tous les quarrez du iardin,& la huée eſtoit ſi grande que l'on faiſoit autour de luy, que i'en fus tout épouuanté. Le patient n'eſtoit pas ſans impatience, comme il témoignoit par les iniures qu'il leur diſoit d'vn ton de voix fort plaiſant, ſur quoy ſes perſecuteurs faiſoient de grands éclats de rire. Enfin ie demanday à vn de ceux qui eſtoient des moins occupez, que vouloit di-

C v

re ce spectacle, & qu'auoit fait cét homme qu'on traittoit ainsi? il me respondit que c'estoit vn Poëte qui estoit à leurs gages, & qui ne vouloit pas ioüer à la boule, à cause qu'il estoit en sa veine de faire des vers: enfin qu'ils auoient resolu de l'y contraindre. Là dessus ie m'entremis d'appaiser ce different, & priay ces Messieurs de le laisser en paix pour l'amour de moy; ainsi ie le deliuray du supplice. Et lors qu'il eust appris qui i'estois, & qu'on luy eust rendu son bonnet & ses mules, il me vint faire compliment comme à son liberateur, & à vne personne dont on luy auoit fait vne grande estime. Tous ses termes estoient extraordinaires, ce n'estoient qu'hyperboles, & traicts d'esprit nouuellement sorty des escoles, & tout enflé de vanité. Cependant la hardiesse, dont il debitoit, estoit agreable,

& marquoit quelque chose d'excellent en son naturel. Dés que nous fusmes entrez en conuersatiõ, apres auoir gagné vne allée assez sombre, il me fit entrer tout à fait dans sa confidence, & me fit part d'vn suiet qu'il auoit pour vne Comedie, il me pria d'en garder étroitement le secret, de crainte que quelqu'vn en entendant parler ne le preuint à le traiter; car disoit-il en me serrant la main, ces Messieurs qui se meslent de nostre mestier sont tellement larrons de la gloire d'autruy, qu'ils ne feignent point de s'atitrer ce qu'il ne leur appartient pas, & de s'en venter auec insolence; il n'y a pas deux iours qu'vn certain que ie ne nomme point apres auoir recité dãs vne bonne compagnie plusieurs pieces qui eurent asseurement de l'applaudissement, il ne se contenta pas de cela pour augmenter encoe sa reputatiõ, entesté de l'encens qu'on luy auoit donné, il vint à reciter vn Sonnet que i'auois fait, il se trouua là vn de mes amis à qui ie l'auois recité plusieurs fois, qui luy dit qu'il n'estoit point de luy, & qu'il en connoissoit l'Autheur, cela mit en telle colere nostre homme, qu'il en fut venu aux mains si la compagnie ne l'eust retenu par quelque demonstration qu'elle fit de ne pas ajouster foy à ce que disoit mon amy, nous allions pousser plus loin nostre conuersation, mais nous fusmes interrompus par vn de ces Messieurs qui auoient finy leur ieu, & incontinent tous les autres se joignirent à nous, curieux de sçauoir de quoy nous nous estions entretenus : le reste de la iournée se passa à se diuertir, & puis la nuit nous separa.

*DE QVELLE SORTE LE PAGE
disgracié fut recous des mains
de son Precepteur.*

CHAPITRE X.

J'Auois fait grande chere, auec les Comediens, & nous estions encor à table, où les vns continuoient de boire des santez, & les autres s'amusoient à faire des contes pour rire; lors qu'vn des domestiques du Theatre les vint aduertir qu'on les demandoit au Palais ; en mesme temps ils resolurent la piece qu'ils deuoient ioüer, & la façon dont ils m'ameneroient, ce fut au fond d'vne portiere d'vn de leurs carrosses.

Et dés que nous mismes pied à terre, nous rencontrasmes sur l'escalier par où nous montions, vn des plus grands Princes de la Terre. Deux ou trois de mes amis qu'on aduertit sur le champ de ma desolation, luy parlerent en ma faueur, & pour donner poids à leurs persuasions, ie me iettay soudain à ses pieds le visage couuert de larmes. Ce grand Prince eut pitié de ma douleur, & de ma crainte, & se retourna pour voir si mon Maistre ne se trouueroit point à sa suite, afin de commander hautement à nostre Precepteur qu'il ne me donnast point le foüet pour cette fois. Mais par malheur pour moy, mon Maistre ne se trouua point, & ne vint point à la Comedie, à cause de quelque petite indisposition. Aprés qu'elle fust acheuée, i'allay soliciter pour mon salut au coucher de ce grand Prince, qui

DISGRACIÉ. 63

pour me tenir en seureté attendant qu'il obtint ma grace, me donna en garde à vn de ses Pages. C'estoit vn Gentil homme de condition, & d'vne race toute vaillante & glorieuse; ce garçon fier & redouté de tous ses compagnons me prit en sa garde, & moy ie pris vn coin de son manteau que ie n'abandonnay pas vn moment, & cela me fut fauorable. Le lendemain au matin il me mena déjeusner auec luy, & nous passâmes tout le reste de la iournée en beaucoup de diuertissemens, & c'estoit sans m'en esloigner d'vn seul pas: si tost que i'apperceuois quelqu'vn de nostre maison ie me cachois sous ce manteau de defence.

Le soir mon gardien s'aduisa de vouloir masser quelque argent, auec deux des Officiers du Prince dans la salle de ses gardes; & comme i'estois témoin & iuge des coups ie me trouuay saisi inopinement par celuy qui estoit ma partie & mon iuge, & qui m'empoigna d'vne façon si rude, qu'il sembloit encore vouloir estre mon boureau. Ie n'eus pas la force ou le courage de crier en cette surprise, soit par terreur, ou par respect; mais il arriua que dans ma crainte ie fis comme les gens qui se noyent, ie ne quittay point ma prise, ie serray de toute ma force le pan du manteau que i'auois tousiours dans les mains: & mon gardien, que l'esmotion du ieu empeschoit de s'aduiser de mon rauissement, sentit à la fin qu'on le despoüilloit de son manteau. Là dessus il se retourna pour discerner les filoux qui se donnoient ainsi la licence de voler en maison Royale, mais comme il me vid en peril, il trauailla d'vne estrange sorte à ma deliurance. A peine dit-il vn mot sans frapper du mesme temps, & l'impetuosité de son naturel ne luy donnant pas la liberté de s'exprimer autrement, il fit connoistre à nostre Precepteur, en luy donnant vn grand coup de poing dans les dents, que i'estois en vn seur azile. Le bras du Page estoit fort, & la maschoire du bon homme estoit debile, tellement qu'il y eut vn grand fracas dans sa bouche. Il fut contraint par cét effort de lascher ma main qu'il tenoit, & d'employer les deux siennes à parer les coups de poing qui commençoient à pleuuoir sur son visage. Enfin les gardes du Prince firent les hola, & ie me retiray auec mon defenseur, laissant là mon Precepteur bien outré, qui gargarisoit sa bouche, & se plaignoit fort de la douleur d'vne dent rompuë, & de plusieurs autres fort esbranlés.

DE LA PAIX FOVRRE'E QVI fut faite entre le Page disgracié & son Precepteur.

CHAPITRE XI.

LE lendemain nostre Precepteur vint auec mon Maistre trouuer le Prince, pour luy faire des plaintes du mauuais traitement qu'il auoit receu, mais nous l'auions desia informé de cette affaire : & l'action du Precepteur passant pour vne violence, fit que le Prince eust peu d'égard à celle qu'il auoit soufferte. Il eust beau declamer contre moy, il fut contraint d'obëir à cette puissance absoluë qui luy commandoit de me pardonner. Mais s'il fit

DISGRACIE'. 67

semblant de ceder à l'authorité de ce pouuoir legitime; il ne laissa pas de contenter effectiuement vne animosité qu'il tenoit pour fort raisonnable. Il estoit desia dans l'impatience de trouuer quelque nouuelle couleur, pour me punir de l'insolence du Page, lors que cette occasion se presenta.

Le Poëte des Comediens ayant appris que i'estois retourné en grace auprés de mon Maistre, ne manqua pas de me venir voir, afin que ie le luy fisse saluër, comme ie luy auois promis. Ie le presentay de bonne grace; il eut l'honneur d'entretenir vne demie heure ce ieune Prince, & mesme il eut la satisfaction d'en receuoir quelque liberalité, ayant fait sur le champ ces quatre vers à sa gloire.

Ma Muse à ce Prince si beau
Consacre un monde de loüanges
Qui volent au Palais des Anges,
Et sont exemptes du tombeau.

Quoy que ces vers eussent des defauts, nous n'estions pas capables de les pouuoir discerner; & nous trouuions seulement agreables ces termes empoulez qu'il auoit recueillis vers les Pyrenées. Ie ne sçay comment en prenant congé de mon Maistre, ce Poëte débauché, dit inopinement quelque mot sale, & qu'il auoit accoûtumé d'entremesler en tous ses discours. Nostre Precepteur en fut aduerty, qui prit ce pretexte pour se vanger de l'affront qu'il auoit receu pour mon sujet. Il me vint surprendre le lendemain au matin, & me fit vne grande remonstrance sur la discre-

DISGRACIÉ.

tion qu'il faloit garder à faire connoistre de nouueaux visages à vn jeune Prince : & m'agraua fort la hardiesse que i'auois prise de presenter à mon Maistre vn homme inconnu & vicieux. Mais il acheua son exhortation par tant de coups de verges, que ie perdois l'esperāce de les voir finir : & ie reconnus aisement que cette punition venoit moins de la langue licencieuse qui auoit blessé les chastes oreilles de mon Maistre, que de la temerité du poing qui auoit cassé les dents de mon Precepteur.

COMME LE PAGE disgracié fut privé de donner son iugement sur vne belle Ode.

CHAPITRE XII.

CEtte seuere remonstrance me rendit à l'auenir fort retenu, mais elle ne m'osta point le goust du tout de la poësie, & l'affection que i'auois pour recueillir les plus beaux vers. Nous auions en cette maison vn Escuyer fort galãt homme, & qui estoit consideré pour auoir fait plusieurs combats memorables, & pour estre vn esprit adroit, & sensé : ce personnage auoit quelque estime, & quelque bonne volonté pour moy ; & me donnoit quelquefois des auis, qui valoient bien les leçons de noſtre Precepteur; auſſi i'eſtois bien aiſe de mon coſté d'entretenir ſon amitié, par les marques que ie luy donnois de mon eſtime, & du plaiſir que ie gouſtois en ſa conuerſation. Il faiſoit agreablement vn conte ; & comme il ſçauoit bien debiter les bonnes choſes, il prenoit grand plaiſir d'en entendre. C'eſt pourquoy ie m'adreſſois toûjours à luy, lors que l'occaſion s'en preſentoit pour luy reciter quelque bel ouurage des Muſes, ſi toſt que i'en auois appris de nouueaux par cœur. Vn jeune Officier de la bouche de mon Maiſtre s'appochoit ſouuent pour m'eſcouter lors que ie recitois des vers ; & à force de m'entendre dire, s'imagina qu'il ſeroit capable d'en faire à la faueur d'vne certaine paſſion qui le tourmentoit : poſſible auoit-il oüy dire qu'Amour est vn Maistre en toutes sciences, qui fait mesme voler les plus pesants Animaux.

Vn iour que l'Escuyer & moy nous entretenions, & qu'il cherchoit dans vn recueil de poësie vne piece qu'il estimoit, cet Officier amoureux me vint doucement tirer par le bras, & me dit tout bas à l'oreille qu'il auoit vne Ode à me faire voir, qui n'estoit point mal faite, ie luy demanday l'Autheur qu'il refusa de me nommer, me disant seulement que c'estoit vn jeune homme qui auoit l'esprit assez ioly, & qui estoit amoureux de la fille d'vne lingere; & là dessus il me déplia vne feüille de papier, où ie ne pouuois rien comprendre; c'estoit vne griffonnerie estrange, & des caracteres disproportionnez & mal joints ensemble, & pour tout

tout dire, l'escriture d'vne personne qui ne sçauoit point escrire. Nostre Escuyer demanda quel estoit ce secret mystere, & s'il ne pourroit pas en estre.

Ie luy respondis que c'estoient des vers, qui pouuoient passer pour vn Enigme, tant ils estoient malaisez à déchiffrer. Mais le ieune Officier qui en estoit l'Autheur & l'Escriuain tout ensemble, prit la parole pour asseurer nostre Escuyer, qu'il connoissoit fort bien cette escriture, & liroit ces vers bien distinctement si nous desirions de les entendre. Il fut aussi-tost pris au mot, & palissant & rougissant auparauant que d'ouurir la bouche, il leut enfin son Ode qui ne contenoit que ces quatre vers.

Ma Clorie, ma Clorie,
A qui i'ay donné mon cœur,
Ie seray toute ma vie
Vostre tres-humble seruiteur.

En acheuant de dire le dernier de ses vers, il fit vne grande reuerence, comme pour accompagner la grace du bien dire de la bien-sceance de l'action, & nous demanda nostre iugement sur la petite Ode qu'il nous auoit dite; ajoustant à cela pour obtenir nostre approbation, que l'Autheur de cet ouurage auoit bruit d'auoir de l'esprit. Là dessus nous nous regardâmes l'Escuyer & moy, & fismes vn si grand esclat de rire que trois ou quatre autres Officiers, qui estoient dans vne chambre prochaine, vinrent aussi tost à nous pour en apprendre le sujet. Apres m'estre tenu les coſtez, durant vn quart d'heure, ſans pouuoir dire vne parole, ie leur fis comprendre, enfin, que c'eſtoient des vers fort polis qu'vn de leurs compagnons nous auoit monſtrez, qui me prouoquoient de la ſorte à rire. Mais la choſe fut bien plus plaiſante quand nous appriſ-mes par vn de ceux-cy que l'Offi-cier amoureux s'étoit enfermé deux iours, & deux nuits dans vne caue, & auoit broüillé deux mains de pa-pier pour mettre au net ce bel ou-urage.

PAR QVELLE AVANTVRE
le Page disgracié donna procuration
à vn autre pour receuoir la
discipline au lieu luy

CHAPITRE XIII.

IL n'y a point de bonace sur aucune mer qui ne soit enfin troublée de quelque orage : & ie ne me vis gueres long-temps en tranquilité, sans que mes propres passions excitassent quelque tempeste. I'auois celle du ieu qui me rendoit toûjours de mauuais offices, car ie ne la pouuois quitter ny l'exercer auec seureté. D'vne autre part, la lecture des Romans auoit rendu mon humeur altiere & peu souffante ; lors que i'auois quelque legere contention auec mes pareils, ie me figurois que ie deuois tout emporter de haute lute, & que i'eſtois quelqu'vn des Heros d'Homere, ou pour le moins quelque Paladin, ou Cheualier de la Table ronde. Ce n'eſtoient tous les iours que plaintes qui venoient aux oreilles de noſtre Precepteur des gourmades que i'auois données : & ce qui luy donnoit le plus de peine, c'eſt qu'il n'auoit gueres de liberté de me punir, à cauſe des puiſſans ſuffrages que ie faiſois employer à mon ſalut. Vn iour il apprit en s'entretenant auec vn bon Pere Cordelier qu'on faiſoit quelquefois cette charité dans ſon Conuté d'exhorer, & de diſcipliner les ieunes garçons qui ſe monſtroient incorrigibles, & que ce remede les auoit ſouuent gueris de leurs mauuaiſes habitu-

D iij

des. Noſtre Precepteur fut rauy d'auoir trouué cette commodité de me chaſtier ſans ſe mettre en colere, & ſans que mon Maiſtre eût le moyen de pouuoir interceder pour moy. Apres auoir auerty ce bon Pere qu'il auoit vn mauuais garnement à luy enuoyer, & qui auoit beſoin de pareilles exhortations: il m'attendit ſur la premiere faute capitale, & cachant le plus adroitement qu'il put la connoiſſance qu'il en auoit, il me chargea le lendemain ſur les onze heures du matin, d'vn billet cacheté qui s'adreſſoit au Reuerend Pere, ie fus rauy d'auoir receu cette belle commiſſion pour la liberté qu'elle me donnoit, de me pouuoir promener où bon me ſembleroit, pendant vne heure; & comme ie deſcendois par vn grand eſcallier du Palais, ie voulus maſſer en paſſant quelques teſtons qui me nuisoient dans ma poche. I'auois si peu d'esperance de gagner auec si peu d'argent, que ie le hazardois tout à la fois, & la fortune qui me vouloit conseruer entre ceux qui la suiuent & qu'elle trompe, fit semblant à cette fois, qu'elle vouloit m'estre fauorable. Ie fis vn grand progrez en vn moment, que ie me vis presque tout l'argent du ieu. Ie me souuins à cette heure-là de la commission qu'on m'auoit donnée & parlay de faire retraite, monstrant la lettre que ie m'estois chargé de rendre. Mais vn des ioüeurs qui estoit le plus en mal-heur, & qui auoit encore quelque argent, & quelques bagues à perdre, me conjura de telle sorte de ne luy quitter point ieu que ie m'acorday à sa priere, à la charge toutefois que ie chercherois quelqu'vn qui fit cependant mon message. Vn grand garçon qui portoit l'eſpée, ſe vint offrir tout à propos pour ce bel employ, dont il me promit de s'acquiter auec diligence à la charge que ie luy donnerois vn teſton: ie le mis auſſi toſt en main tierce, afin que ſon ſalaire ne pût courir aucune fortune.

Ce garçon conduit par ſon mauuais genie, fit ſes diligences, & fut pris pour moy. Les execrations & les ſermens horribles qu'il put faire pour aſſeurer que la diſcipline eſtoit reſeruée pour vn autre, ne firent que confirmer ſon Correcteur en la creance qu'il auoit que ce fut cet incorrigible garçon, qui luy eſtoit recommandé de ſi bonne part. Enfin comme i'eſtois en impatience de ce Courier, & comme le ieu s'acheuoit, ie le vis reuenir tout paſle: i'eus apprehenſion qu'il euſt perdu ma lettre, & que ce fuſt

DISGRACIÉ. 81

cet accident qui l'eust fait changer de visage; mais il ne me laissa pas long-temps en cette erreur, en me monstrant à grãds coups de poings qu'il n'estoit troublé que de colere. Ceux qui se trouuerent là se mirent entre nous deux, & m'obligerent à luy donner vne demie pistolle pour le penible voyage qu'il auoit fait à ma consideration, apres qu'il nous eust conté son auanture.

Pour moy qui me trouuay rauy d'en auoir esté quitte à si bon marché, ie vins retrouuer nostre Precepteur, pour luy porter la responce de sa lettre. Ie ne dis rien autre chose sinon que le bon Pere luy baisoit les mains, & luy fis ce rapport tristement, & tenant toûjours les yeux baissez, de sorte que iugeant par là de l'accomplissement de son dessein, il ne put s'empescher d'en sousrire, & ne fut point détrompé

D v

de son imagination, iusqu'à ce qu'il reuit le bon Pere Cordelier qui luy dit sur cette matiere que i'estois vn grand blasphemateur, ce qu'il ne pût croire, n'ayant iamais appris qu'on m'eust oüy iurer, mais à la confrontation qui fut faite de moy, on apprit toute cette plaisante histoire.

COMME LE PAGE
disgracié fut pris pour un Magicien.

CHAPITRE XIV.

Apres ce danger eschappé, ie me rendis fort circonspect en mes actions, & fis vne ferme abiuration d'abandonner tous les sujets qui me pouuoient attirer l'ire de mon Precepteur, & me separer tant soit peu de la chere presence de mon Maistre. Ie n'eus plus d'autre passion que d'assister diligemment à ses estudes, & à tous ses passetemps. Son esprit estoit curieux de toutes les choses agreables, & ie me mis à l'entretenir assidument des histoires & des contes qui estoient le plus selon ses sentimens: il me donnoit méme quelquefois des secrettes commissions pour acheter des Liures, afin qu'apres les auoir leus en mon particulier ie pusse l'en entretenir tous les soirs à son coucher. Vn iour parmy d'autres Liures d'histoires, i'ouuris par hazard vn liure de Baptiste Porta intitulé *Magie naturelle*, & trouuant là dedans des petits sujets qui me sembloient iolis, ie l'achetay pour essayer d'en mettre quelques-vns en pratique. Ie fis vn grand mystere de ce Liure au ieune Prince que ie seruois, & lors que nostre Precepteur n'y estoit pas, nous en lisions en secret tous les Chapitres, pour voir quelle inuétion plaisante nous en pourrions mettre en execution auec le moins de coust & de difficulté. Nous y trouuasmes la ma-

DISGRACIE. 85

niere de faire de certaines chandelles à faire voir le soir tous les assistans auec des testes d'animaux, mais leur composition nous parut vn peu mal-aisée ; nous aymâmes mieux experimenter vn autre secret de mesme espece, qui se pouuoit facilement effectuer & à peu de frais. C'est vne composition de canfre, & de soufre détrempez ensemble auec de l'eau de vie, dont le feu deuoit faire paroistre les visages comme sont ceux des trépassez. il n'y eut que mon camarade qui fut auerty de nostre deliberation pour ce beau spectacle, & ie pris fort bien mon temps pour porter en secret sous le lict de mon Maistre, les drogues que i'auois achetées. Le soir lors que nous vismes le téps propre pour mettre nostre entreprise à bout ; mon Maistre dit qu'il vouloit dormir, & fit retirer tout le monde, lors que nous ne fufmes plus que nous trois dans fa chambre, ie m'allay faifir d'vn grand baffin d'argent pour faire vn fanal de mes matieres combuftibles. I'allumay donc ma flamme mortuaire au milieu de la place, & i'efteignis tous les flambeaux.

Mon Maiftre fortit incontinent du lit pour obferuer ce beau trait de Magie, mais nous ne pouuiõs prefque rien difcerner en nos vifages, tant la fumée eftoit obfcure; il fallut nous mettre fort prés de cette fombre lumiere ; mon Maiftre s'affit d'vn côté fur vn carreau de velours, & nous nous agenoüillâmes de l'autre, afin de confiderer nos vifages pafles, & quelquesfois violets. Nous n'auions pas efté long-temps dans cette belle contemplation ; lors qu'il fe fit vn petit bruit derriere nous, comme fi quelque chofe eust pressé la natte sur laquelle nous estions assis : Mon Maistre tourna le premier la teste, & vit vn nouueau visage, qui estoit plus laid que les nostres, & qui estoit habillé d'vne estrange façon : à cette subite vision nous iettasmes tous trois vn grand cry, & mon Maistre s'éuanoüit de frayeur.

Ce fantosme espouuentable étoit nostre Precepteur que la puante odeur de nostre lumiere artificielle auoit fait descendre de sa chambre pour venir voir ce que c'estoit. Il s'estoit approché de nous sans faire bruit pour nous surprendre ayant vne seruiete noüée à l'entour du col cõtre le rhume, sur vne camisole rouge, & son bonnet à la teste qui le faisoit voir sans cheueux, parce que le bon-homme portoit le iour vne perruque : enfin il estoit en equipage d'vn vieillard qui se met au lit. Tellement que mon Maiſtre ne l'ayant iamais veu fait de la ſorte; & luy trouuant le viſage haue, à cauſe de la fauſſe clarté, courut fortune de mourir de peur: & pour mon camarade & moy qui eſtions d'vne complexion moins delicate, nous ne laiſſaſmes pas d'en demeurer en terre comme glaces. Noſtre Precepteur fit vn ſi grand bruit, que des valets qui eſtoient dedans vne antichambre y accoururent: on reconnut à la lumiere qu'ils apporterent que le Prince eſtoit eſuanoüy, que mon compagnon & moy n'eſtions gueres mieux; ce fut vn tumulte ſi grand, qu'il eſt malaiſé de le pouuoir repreſenter: ce n'eſtoient que cris, larmes, & plaintes. Il y eut quelqu'vn des domeſtiques qui ſe reſſouuint qu'il auoit veu par hazard vn de mes Liures, ſur le dos duquel il y auoit eſcrit

Magie, & qui dit que i'auois fait en ce lieu quelque conjuration diabolique qui estoit cause de cet accident : si bien que toute la maison estoit sur le point de se jetter sur moy pour me mettre en pieces. Mais mon Maistre ne fut pas long-temps à reuenir de sa pamoison, & par le veritable recit qu'il fit de cette auanture il me deliura de ce danger, mais quoy qu'il pût dire pour mon excuse, on me tint pour fort criminel, & i'eus plus de vingt coups de foüet pour cette malice innocente.

COMME LE PAGE disgracié donna six coups d'espée à vn Cuisinier qui luy fit peur, & quelle fut sa premiere fuite.

CHAPITRE XV.

ON fut plus de quinze iours à ne faire autre chose que de parler de mon traict de Magie; dont chacun disoit ses sentimens selon la portée de son esprit. Les plus sages considerant pluftoft mon intention, que l'euenement de ma recepte excusoient aucunement ma ieunesse, mais les ignorans exageroient ma faute, & faisoient sur vn si petit sujet mille discours ex-

DISGRACIÉ.

trauagans. Entre les autres il y eut vn certain Cuisinier d'esprit leger, & qui estoit en reputation d'auoir quelque pente à la folie, qui s'aduisa de me vouloir faire peur en reuanche de l'alarme que i'auois donnée à tout le monde. Vn soir que mon Maistre estoit allé à la campagne pour deux ou trois iours, & que ie m'estois couché de bonne heure pour me delasser du grand exercice que i'auois fait à ioüer tout le long du iour à la paume : ce maistre fol de Cuisinier mit vne chemise blanche par dessus son pourpoint, & la bigarra toute de tache de sang; il mit encore sur sa teste vn Turban fait d'vne seruiete, accompagné d'vne grande quantité de plumes de volailles : auec cela il prit vn tison allumé qu'il mit à sa bouche, & vint tirer le rideau de mon lit, & me regarder fixement en cet equipage. Ie ne faifois que fommeiller, de forte qu'il n'eut pas beaucoup de peine à me faire ouurir les paupieres. Si toft que ie vis ce fantofme ie me fentis efmeu d'vn certain tranfport, que ie ne fçaurois bien dépeindre. Ie ne fçay quelle audace, & quelle collere fe meflerent à mon épouuante; mais ie fçay bien que ie fautay promptement à mon efpée, & que i'en chargeay furieufement l'image qui m'efpouuentoit. Ie la reconduifis iufqu'à ma porte à grands coups d'efpée, fans pouuoir rien comprendre aux paroles qu'elle difoit, & ie luy euffe encore fait plus d'honneur, n'euft efté qu'elle fe precipita du haut de l'efcalier en bas. Quantité de gens monterent auffi-toft à ma chambre auec des flambeaux, & me trouuans encore tout pafle d'effroy, & mon efpée nuë à la main, me de-

DISGRACIÉ.

manderent ce que ie croyois auoir fait; ie respondis que i'auois chassé vn esprit qui m'estoit venu tourmenter dans ma chambre. Là dessus on me certifia que c'estoit vn Cuisinier du logis que i'auois blessé de six coups d'espée, & qui estoit en danger de mourir. Vous pouuez penser si ie fus estonné de cette nouuelle, & si l'image de la punition que i'attendois ne me seruit pas d'vn second fantosme pour m'épouuenter toute la nuit. Le lendemain dés qu'il fut iour ie m'habillay pour me sauuer, sçachant bien qu'on ne feroit aucun effort pour m'arrester, n'y ayant personne à la maison qui eust l'authorité de mettre la main sur moy, que nostre Precepteur, qui estoit allé à la campagne auec mon Maistre. Ie m'imaginay qu'ayant esté fouëté cruellement pour des fautes assez legeres, ie le serois beaucoup dauantage pour auoir ainsi tué vn homme; & ce raisonnement me fut vne terreur panique. Ie pris ma course au sortir du Palais, & ne m'arrestay point que ie n'eusse fait dix ou douze lieuës. Mais comme i'estois ardent & dispos, ie fis cette traite auec tant de violence que ie demeuray comme estropié en vne maison d'vn vilage, où ie m'arrestay quatre ou cinq iours, sans pouuoir passer plus outre, à cause des ampoules que i'auois aux pieds.

I'auois deliberé de me conduire en la Prouince où ie suis nay, ou de passer en Espagne pour y voir mes parens, qui estoient les premiers de cet Estat & qui auoient souhaité de m'auoir auprés d'eux pour ne reuenir plus à la Cour iusqu'à ce que ie fusse si grand que l'on ne me parlast plus de verges: mais comme i'estois sur le point de desloger de cette maison, ie fus tout estonné que i'apperceus venir vn vieillard qui auoit seruy autrefois de valet de chambre à mon grand-pere : cet homme extrememement aduisé apres auoir pris la commission de me chercher, auoit fait sur le chemin de si diligentes perquisitions de moy qu'il découurit enfin où i'estois. Il m'osta d'abord toute l'épouuante que i'auois, me iura qu'elle estoit mal conceuë, & que quand i'aurois tué vn plus honneste-homme qu'vn Cuisinier, en pareille rencontre, ie ne serois nullement reprehensible. Ie crus quelque chose de ce qu'il me disoit, & fis semblant de croire le tout, mais ce fut pour le deceuoir mieux. Le bon-homme chercha par tout vn cheual pour luy, me voulant accommoder du sien, mais il n'en pût iamais trouuer, si bien qu'il fut contraint de me suiure à pied durant ce petit voyage. Mais comme il auoit prés de soixante ans, il ne fit gueres plus de deux ou trois lieuës sans se lasser, & ie découurois par là le moyen de le quitter quand il m'en prendroit la fantaisie : ie luy dis lors que ie serois bien aise de faire quelque quart de lieuë à pied, & que la selle de son cheual commençoit à m'incommoder; le bon-homme s'accorda facilement à monter dessus, & depuis ie le faisois descendre & remonter quand bon me sembloit. Lors que nous ne fusmes plus qu'à vne lieuë de la ville, & que ie vis que mõ conducteur estoit bien las, ie demanday d'aller à pied, ce qu'il m'accorda volontiers, & ie pris vn peu le deuant, cependant qu'il raiustoit les estriez à son point. Ie luy auois laissé mon manteau, qui m'empeschoit

DISGRACIE'.

choit de courir, & luy auoit esté long à l'attacher à l'arçon, tout cela m'auoit donné temps de m'éloigner beaucoup de luy, les pieds ne me faisoient plus de mal, & ie les crûs capables de me rendre vn bon office. Ie quittay lors le grand chemin, & me jettant à trauers les champs, ie courus de telle vitesse qu'en moins de rien mon homme m'eust perdu de veuë, de sorte que ie fus comme ces lieures que les chiens pensent auoir pris, encore qu'ils n'en ayent enleué que de la bourre. Ce vieux domestique croyoit bien me ramener au logis, mais il n'y remporta que mon manteau.

E

SECONDE FVITE DV Page disgracié, pour auoir mis l'espée à la main parmy les gardes du Prince.

CHAPITRE XVI.

IE rentray le soir dans la ville, & fus coucher chez vn grand Seigneur de mes amis, à qui ie racontay mon auenture, il m'en consola charitablement, & r'asseura mon esprit espouuanté, me promettant de faire ma paix, ce qu'il executa le lendemain. Mon Maistre qui ne m'auoit point veu il y auoit cinq ou six iours, me fit des caresses extraordinaires à mon retour ; & nostre Precepteur considerant quels auoient esté les dangereux effets de ma crainte, rabatit quelque chose de son accoustumée seuerité. Ainsi ie vis pour quelque temps du calme en ma vie : mais qui ne fut pas perdurable, comme vous allez entendre. L'âge auoit vn peu meury ma raison, sur la treziesme de mes années, & les conseils de l'honneste honte, commençoient à me faire rougir des moindres actions que ie ne croyois pas bien seantes : ie me rendois plus attentif que iamais à la lecture & aux preceptes, & ne ioüois plus, ny ne voyois plus de joüeurs ny de débauchez que rarement. Tout le monde s'estonnoit de ce changement ; & commençoit d'oublier mes erreurs passées en faueur de ma probité presente. Lors que la fortune comme indignée de ma reuolte, & de ce qu'ayant esté allaité, & nourry sous elle ie faisois mine de la quitter pour embraſſer la vertu, me fit eſprouuer à mon dam quelle eſt la puiſſance. Elle m'oſta noſtre Precepteur pour l'éleuer en vne qualité plus eminente, & pour auoir plus de moyen, quand ie ſerois priué de ſon ſupport, de m'abaiſſer iuſqu'aux abiſmes.

Pour ne vous point faire perdre de temps par des narrations trop longues, & pour ne toucher point à des playes qui me ſont encore ſenſibles. Ie vous diray qu'eſtant ſous vn autre gouuerneur, i'eus des meſcontentemens eſtranges, & que par des ſtratagemes inoüis ie me vis quelques iours ſeparé de la preſence de mon Maiſtre. I'eus opinion qu'on ne me priuoit de ſa veuë, que pour me priuer de ſes bonnes graces; & cela me plongea dans vne ſi grande melancholie,

DISGRACIE'. 101

que l'on ne me reconnoiſſoit plus. Au lieu que i'auois accouſtumé de ſauter, luter, ou courir auec mes pareils, ie ne m'appliquois plus qu'à l'entretien de mes réueries. Et comme i'eſtois vn iour en l'vne des maiſons Royales, il arriua par malheur qu'vn homme qui réuoit auſſi bien que moy, me choqua en paſſant fort rudemẽt: ie reuins auſſi-toſt de mes profondes penſées; & luy dis bruſquement quelque choſe ſur ſon peu de conſideration. Mais luy prenant ces paroles pour offenſiues, tira ſon eſpée à moitié du fourreau, comme s'il m'en euſt voulu frapper; moy qui n'en auois point, & qui eſtois d'vne autre condition que luy; ſon action deſraiſonnable m'émeut d'vne eſtrange façon. Il pût connoiſtre à mon viſage, & à ce que ie luy dis de ſa lacheté, que la choſe ne baſteroit pas trop bien pour luy; & deli-

E iij

bera de s'esuader, mais ie courus au premier laquais qui passoit, & luy demandant son épée, i'eus en moins de rien attrapé cet indiscret. Les gardes du Prince estoient en haye dans la basse-court attendant qu'il reuint de la chasse, où il estoit allé, & mon homme y creut estre à refuge; mais l'aueugle desir que i'auois de me vanger de cet affront, ne me donna pas le loisir de raisonner sur cette affaire. Ie ne laissay pas pour les gardes de luy donner deux grāds coups d'espée : & ie luy en eusse peut-estre donné dauantage, si trois ou quatre piques abbaissées ne m'en eussent point empesché. Cette insolence que ie commis, fit esleuer vn grand murmure, trois ou quatre officiers me saisirent pour me retenir prisonnier, mais vn Lieutenant du Regiment qui me connoissoit, me retira d'entre leurs mains, disant qu'il me tiendroit en sa garde, & que ie n'estois pas vn Gentilhomme à mal traiter: & m'amena droit en son logis.

Ma fougue estant passée, la crainte du peril où i'estois vint refroidir le sang qu'auoit fait boüillir la colere: ie commençay de me repentir de mon impatience, & de faire des vœux pour le salut de celuy que ie voulois perdre. Cinq ou six soldats de la compagnie de ce Lieutenant, qui me fit vn tour d'amy, vinrent de temps en temps les vns apres les autres m'auertir de l'estat où estoit le malade, qui n'estoit pas bien: & le dernier qui me vint asseurer qu'il rendoit les derniers aboys au logis d'vn Chirurgien, fit que ie me resolus à la fuite. I'auois prié le Lieutenant qui m'auoit fait vn bon office de m'en rendre vn autre, en allant découurir au Cha-

E iiij

steau, ce qui se disoit de cette affaire, & sur tout de visiter l'appartement de mon Maistre, pour voir s'il estoit averty de cet accident, & s'il pourroit obtenir ma grace. Mais cette mauuaise nouuelle m'osta tout espoir d'en pouuoir apprendre de bonnes. Ie crûs qu'il y alloit de ma vie, & qu'il falloit essayer de la sauuer en s'éloignant: ie partis donc secretement, & gagnant vn bois d'assez grande estenduë, ie ne m'arestay point que ie n'eusse fait neuf ou dix lieuës, & ie les fis en si peu d'heures que cela ne sembleroit pas croyable. Ie vous diray aussi qu'il y auoit peu de gens, non pas seulemét à la Cour, mais encore en toute la France, qui fussent plus dispos que moy, ie sautois souuent à la iartiere à la hauteur des plus grands hommes qui se trouuassent, ie franchissois encore au plain saut des canaux qui ont au moins vingt-deux pieds de large, & pouuois courre trois cens pas contre le plus viste cheual du monde. C'est pourquoy vous ne me tiendrez pas de mauuaise foy si ie vous dis qu'en moins de douze ou quatorze heures ie fis vingt-sept ou vingt-huict lieuës.

L'ESTRANGE RENCONTRE que fit le Page disgracié dans vne meschante hostelerie.

CHAPITRE XVII.

MOn dessein quand ie me sauuay du lieu où se tenoit la Cour, n'estoit que de m'esloigner le plus qu'il me seroit possible de toute sorte de connoissance, & de me desguiser si bien, que ie ne me connusse pas moy-mesme. Ie vins à bout de ces deux choses, ie me rembuschay dans vne grande ville marchande, que visite la Seine allant vers la Mer, & là ie me reposay quelques iours pour prendre langue, & me disposer à faire vn plus

DISGRACIÉ. 109

long voyage. Là ie m'estudiay à oublier tout à fait mon nom, & à me forger vne fausse genealogie, & de fausses auantures, afin de n'estre pas surpris quand on me feroit quelque interrogation. Ie n'auois gueres plus de quinze ou seize pistoles sur moy, lors que ie partis dont il ne me restoit plus que sept ou huit Auec si peu d'assistance, ie me deliberay de passer la mer pour aller voir cet Albion, où les Poëtes font chanter tant de Cygnes. I'estois party de cette grande ville assez tard, & comme ie n'estois plus pressé d'vne crainte si violente, ie ne fis pas lors du chemin à la proportion du iour de ma fuite, ie n'arriuay qu'à deux lieuës prés du premier port, où ie me deuois embarquer. Ie me retiray dans vne hostellerie assez escartée, où ie souppay peu, soit par lassitude, ou par esse, & l'on me mena coucher dans vne chambre, où il y auoit deux assez bons lits.

A peine eus-je reposé vne bonne heure, repassant dans mon esprit toutes mes disgraces, que i'entendis mon hostesse parlant à ma porte: celuy qui faisoit vn colloque auec elle, demandoit vne chambre où il couchast seul, mais elle luy protestoit qu'elle n'auoit plus qu'vn lit à donner dans vne chambre où dormoit vn ieune garçon. Sur les difficultez qu'il faisoit à cela, l'hostesse insistoit en ses persuasions, respondant pour moy, & disant que ie n'auois pas la façon de faire tort à personne, que i'auois seulement la mine de quelque enfant qui auoit quitté ses parens, pour aller voir le païs, mesme que i'estois si lassé du chemin que i'auois fait, qu'elle ne croyoit pas que ie me leuasse bien matin. Là dessus ils entrerent tous deux, & la Maistresse vint tirer le rideau pour voir si ie dormois (ce que ie fis semblant de faire) & monstrant mon habit qui estoit de soye à ce defiant voyageur, l'asseura que ie n'estois pas vne personne dont il deust craindre la compagnie : il s'accorda à coucher dãs cette chambre, & se fit apporter toutes les choses qui luy estoient necessaires pour soupper, & sur tout il demanda beaucoup de bois, cõme s'il eust voulu veiller à escrire quelques memoires d'importance, & parmy ces choses il demanda particulierement vne poesle & quelques œufs qu'on luy mit dans vn plat qu'il vouloit faire à sa mode. Lors qu'il fut pourueu de toutes ces choses, & qu'il eust bien fermé sa porte, il vint porter vne chandelle sur mon lit pour considerer exactement si ie dormois; i'en fis toufiours femblant, & l'obferuay à mon tour fort foigneufement. Ie m'apperceus qu'apres auoir allumé vn grand feu il tiroit d'vn fac qu'il auoit apporté beaucoup de diuers vftanciles qu'il pofoit fort doucement auprés du feu, de peur qu'ils ne fiffent du bruit : il tira quantité de charbons du feu, fur lefquels il fit rechauffer quelque chofe. En fuite de cela il mit fa poefle auffi fur le feu, mais cela ne fentoit point la façon, dont on a accouftumé de fricaffer : le beurre n'y faifoit point de bruit, il ne s'entendoit qu'vn petit mouuement qu'il donnoit à vn foufflet, apres qu'il eût bien appuyé fa poefle fur le haut de quelque efcabeau. Enfin lors que ce myftere commençoit de m'ennuyer, ce galant homme y mit fin de cette forte. Il tira d'entre fes hardes vne platine de fer ronde,

DISGRACIE'.

qu'il enchaſſa dans vn cercle de meſme matiere, & là deſſus il verſa ſa fricaſſée. Peu de temps apres il mit de l'eau deſſus auec vne eſguiere, & c'eſtoit pour rafroidir vne matiere aſſez ſolide qu'il tira de cet inſtrument pour la faire entrer dans vne autre machine. Icy mes yeux ne peurent penetrer, mes oreilles ſeulement ſuccederent à l'office d'eſpion, & deſcouurirent qu'en tournant vne maniuelle, il faiſoit faire vn bruit ſourd à certaines roües, qui faiſoient par interuale, vn autre bruit comme coupant quelque choſe de dur auec violence. Ce fut là que ma curioſité fut bien éueillée, ie me mis à me geindre & m'eſtendre comme ceux qui ſont laſſez de dormir ſur vn coſté, & qui ſe veulent mettre ſur l'autre, & ie faiſois cela pour me dreſſer, & voir mieux par l'ouuerture de deux rideaux, ce que c'estoit que cet ou-urage. Au bruit que ie fis en tournant dans mon lit, cet honneste artisan cessa le sien, & ne le recommença point qu'il ne m'eust oüy ronfler bien fort, i'auois esté nourry trop long-temps à la Cour pour n'entendre pas la complaisance, ie luy rendis celle-là fort adroitemét: & vis par cet artifice qu'il auoit fait de l'or monnoyé qu'il serra secretement dans vn papier, & puis apres auoir remis toutes ses hardes dans son sac, il se coucha sans faire bruit. Ie n'eus pas vne petite ioye de voir que i'auois fait cette rencontre, & m'imaginay que c'estoit vn remede enuoyé du Ciel pour adoucir ma fortune. I'auois leu force liures curieux, sans excepter ceux qui sont remplis de ces Enigmes confus, que l'on estime des guides sacrez pour trouuer la pierre philosophale. Ie sçauois tous les contes qu'on fait de Iacques Cœur, Remond Lule, Arnold de Villeneuue, Nicolas Flamel, & autres iusqu'à Bragardin. Ie creus donc que celuy-cy en estoit quelque petite copie, & que cet homme-là seul estoit capable de me mettre mieux à mon aise que tous les Princes & les Roys. Ie ne pensay plus qu'aux moyens de l'accoster & de le disposer à me receuoir en sa compagnie; ie passay toute la nuit à m'entretenir, tantost du desir de penetrer bien auant dans sa confidence, tantost de la crainte qu'il ne s'espouuentast de mon abord, ou qu'il ne s'échapast de mes mains sans les auoir magnifiquement garnies.

*COMME LE PAGE
disgracié fit connoissance auec
vn homme qui auoit la
pierre philosophale.*

CHAPITRE XVIII.

LE iour ne commençoit qu'à poindre, lors qu'importuné du chant du coq, ou peut-estre de quelque terreur secrette, cet homme dont ie faisois desia mon idole, se leua du lit, s'habilla, & mit son sac sur ses espaules, puis descendit en bas pour compter auec l'hostesse: de ce mesme temps, ie portay tous mes habits vers la fenestre, que i'ouuris, afin qu'en les mettant, ie pusse voir facilement quand il sor-

DRISGACIE. 115

tiroit, & le chemin qu'il viendroit à prendre. Tout cela me succeda fort bien iusques là; Ce nouuel Artefius tendoit où i'auois dessein d'aller, & ie n'eus rien à faire autre chose qu'à compter auec mon hostesse & à le suiure de veuë: Comme ie le vis dans le grand chemin, ie iugeay qu'il ne seroit pas à propos de l'aborder si promptement de crainte de l'espouuenter, & qu'il valoit mieux attendre que ie le visse arrester en quelque hostellerie, afin de pouuoir boire en passant au mesme lieu, & prédre de là suiet d'aller en sa compagnie. Le faix qu'il portoit sur ses espaules, en fit bien tost venir l'occasion; ie le vis arresté au premier village, où il demanda chopine, & s'assit dessus vne pierre à la porte de l'hostellerie: ie m'y rendis, comme il estoit prest d'acheuer son vin, & demanday demy septier, dont ie n'auois besoin que pour pretexte de l'accoster. Ie luy demanday lors en beuuant s'il alloit vers le port, mais il ne respondit à tout ce que ie luy dis, que par monosyllabes, & d'vne mine si fort austere que i'en fus comme au desespoir. I'eus opinion qu'il m'auoit reconnu pour le garçon qui luy auoit esté si suspect dans sa chambre, & ie fis beaucoup de raisonnemens sur la maniere, dont ie le deuois faire parler d'vn mystere qu'il vouloit taire. Mais comme ie l'auois toûjours deuant les yeux, il disparut presque en vn instant : i'eus le cœur tout glacé de crainte, l'ayant si tost perdu de veuë, qu'il ne se fut alors seruy de quelque caractere pour s'enuoler. Ie courus tout transporté de cette peur, iusqu'au lieu où i'auois cessé de le voir, & m'apperceuant qu'il y auoit en cet endroit vne

DISGRACIÉ. 117

descente où le chemin estoit creux, & varié de détours, ie repris aussi-tost l'haleine auec le courage, & m'accusay de peu de force d'esprit: Mais lors que ie fus descendu si bas que ie pouuois découurir toute l'estenduë de la campagne, & que ie ne vis point mon homme, i'eus vn desplaisir que ie ne vous puis representer: ie iettay mon chapeau contre terre, me tiray aux cheueux, & lançay des cris si furieux que quicõque m'eust veu de la sorte, m'eust pris pour quelque demoniaque. Mon homme qui ne s'estoit escarté du chemin que pour aller à quelque necessité naturelle, entendit sans doute quelque chose de mes clameurs, & preuoyant que ie faisois dessein sur luy, fit aussi dessein de se desrober de moy. Il auoit desia remonté le chemin creux par où j'estois descendu, prenant finement des destours, de peur que ie l'apperceusse, lors qu'il s'arresta dessus ce haut pour m'obseruer, & voir si ie passerois outre : Il arriua par hazard qu'en pensant à ma perte, ie tournay brusquement ma teste vers l'endroit où ie l'auois faite, & reuis mon homme auec son fardeau. A cet obiet les tristes passions dont i'estois remply, quitterent la place à la ioye & à l'esperance, & l'audace se mit du mesme temps en leur compagnie. Ie ne voulus plus biaiser en mon dessein, & si tost que ie pûs atteindre cet homme qui fuyoit de moy, ie luy fis hardiment vne declaration de ce que i'estois, & de ce que i'auois reconnu qu'il estoit. Mais ie luy fis cette ouuerture de si bonne grace, & luy exageray de telle sorte l'estat des infortunes où ie me trouuois, & celuy du bonheur qu'il possedoit, que si ce n'eust

DISGRACIÉ. 119

pas esté quelque esprit foible, comme il estoit, il ne se fust pas troublé comme il fit. D'abord il ietta son sac par terre, comme pour auoir plus de liberté de se seruir de son espée, qui estoit engagée dans vne courroye, & moy qui tenois la mienne à la main, me tins sur mes gardes, pour considerer ce qu'il voudroit faire, & possible qu'il eust tenté quelque coup de desesperée, s'il ne m'eust trouué si resolu : mais c'estoit vn homme de mauuaise taille & aucunement cassé de vieillesse & de trauaux, à qui ma ieune hardiesse fit peur : il se contenta de se prendre à sa mauuaise fortune de cette rencontre, & de faire des lamentations meslées de larmes. Quand ie vis qu'il n'estoit plus question que de rasseurer son esprit & de consoler sa douleur, ie me sentis rauy de joye : il me semble que ie

ne parlay iamais si facilement; ie fis sur le champ des declamations, consolatoires & persuasiues, aussi elegantes que si i'eusse esté quelque Demosthene, ou quelque nouuel Isocrate. Ie fis voir aussi clair que le iour à cet esprit aprehensif, que l'auenture qu'il estimoit disgrace, étoit vne pure faueur de ses bons destins. Ie luy representay que i'estois Gentil-homme d'honneur, & que i'auois le cœur si bon, que toutes les tortures du monde ne me pourroient iamais obliger à découurir son secret, s'il m'en vouloit faire confidence, & que ie le suiurois en tous lieux, & le seruirois toute ma vie auec vne fidelité sans exemple. Qu'il ne pouuoit faire vne rencontre plus auantageuse pour luy, que d'vne personne faite comme moy, qui estois ensemble intelligent, fidele & hardy. Que ie me mettrois à
l'épreuue

DISGRACIÉ.

l'épreuue des seruices les plus scabreux, & les plus difficiles à luy rendre, & qu'il me souffrit seulement. A toutes ces choses ce visage enfumé qui auoit plustost la mine d'vn Chaudronnier que d'vn Philosophe, demeura fort long-temps muet, mais comme il eut repris ses esprits, & resué quelque temps sur ce qu'il auoit à respondre, il me fit vne repartie fort soumise, mais fort adroite; il m'apprit sous quels Maistres il auoit estudié, & quelles peines il auoit euës pour acquerir cette toison d'or dont i'auois enuie. Apres cette ingenuë confession qui me rendoit desia possesseur de tant de biens imaginaires, il me representa comme en tremblant le danger que couroient ceux qui auoient vn secret pareil, quand ils estoient descouuerts par quelque Prince. Que le moindre mal-

F

heur qu'ils en pouuoient attendre estoit l'entiere perte de leur liberté, mais que d'ordinaire on ne se contentoit pas de les faire trauailler, & languir en prison, mais qu'on leur ostoit souuent la vie auec de cruelles tortures pour leur enleuer leur secret. Que ce benefice si precieux n'estoit pas produit seulement par le soin des hommes, qu'il y auoit vne particuliere benediction dans l'accomplissement de ce grand œuure, & que ce seroit meriter vne eternelle malediction si l'on n'vsoit de cette grace auec grande consideration. Qu'il en falloit secrettement assister les pauures, & se garder bien de le découurir aux Grãds, qui sont naturellement ambitieux, & qui ne demanderoient que le moyen de porter par tout la guerre, & s'emparer iniustement des Estats de leurs voisins. Que ce seroit vn crime irremiffible, de mettre de la forte des armes entre les mains des furieux : & que c'eftoit pour ces raifons qu'il menoit vne vie cachée, & penible, apprehendant que la diuine Iuftice le precipitaft dans les abyfmes eternelles apres vne fi rare faueur, s'il l'employoit en mauuais vfage. Qu'il auoit affez reconnu par mes paroles, que ie n'eftois pas vn enfant mal nay, ny mal efleué, mais qu'il eftoit neceffaire que ie montraffe par les effets, que ie ne voulois pas eftre ingrat enuers la main Toute-puiffante qui m'auoit comblé de tant de faueurs, & qui m'auoit encore fait trouuer l'occafion de le connoiftre, que fi ie voulois m'vnir à fa compagnie, comme ie difois, il me meneroit auec luy par toute la Terre, dont il me difoit fçauoir prefque toutes les langues, & les couftumes. Que nous commencerions ces beaux voyages par celuy de la Terre-Sainte, afin qu'ayant adoré le Sepulchre, où fut renfermé celuy qui a fait tout le Monde, nous eussions vne benediction particuliere pour le parcourir sans danger. Qu'il ne souhaittoit de moy que deux choses, apres lesquelles il me tiendroit pour vne partie de son ame, & ne me cacheroit plus rien.

Ie me trouuay si suspendu de joye à ce discours, qu'à peine ie luy pûs demander quelles estoient les deux choses qu'il desiroit que ie fisse pour meriter tant de bon-heur. Il m'apprit enfin que cela cõsistoit en deux points, dont l'vn m'estoit fort agreable, & n'estoit point du tout difficile; mais l'autre m'estoit aussi cruel que s'il m'eust mis le poignard au sein. Le premier estoit qu'il vouloit que ie fisse vne confession generale, en la ville où nous allions, entre les mains d'vn bon Pere Religieux qu'il me nomma, & l'autre estoit que ie me fiasse en sa parole, & que passant en Angleterre, ie l'attendisse à Londres chez vn marchand de ses amis. Ie luy promis de faire de bon cœur la confession, mais pour la separation, ie luy protestay que ie ne m'y pourrois iamais resoudre. Il insista tousiours là dessus, auec sermens graues qu'il me vouloit donner pour gages, durant cette contestation, nous nous acheminâmes ensemble vers le port de mer, où ie croyois aller tout seul, & qui n'estoit plus qu'à demie lieuë de nous : là par son ordre nous allâmes soupper & coucher dans vn Conuent, où l'on nous receut auec joye.

COMME LE PAGE disgracié gousta de ce que le Philosophe nommoit Medecine vniuerselle, & quelle fut leur separation.

CHAPITRE XX.

IL me souuient d'auoir leu dans la fable, que l'esperance estoit renfermée dans la boëte de Pandore, & que lors qu'elle en sortit auec tous les maux du monde, on ne sceut iamais discerner si elle estoit vn mal ou vn bien, ou si c'estoient tous les deux ensemble : & ie trouue quelque chose de fort admirable en cette incertaine description. Quand nous fusmes retirez le soir, ce grand Philosophe & moy, il me fit de grandes & saintes exhortations pour bien viure selon Dieu, & me fit de grandes promesses de me donner le moyen de paroistre honorablement selon le monde. Parmy ces choses qu'il me dit, auec vn grand zele, il ne put s'empescher de me découurir qu'il auoit des visions en dormant, qui tenoient de la prophetie, & que la pluspart des euenemens d'importance luy estoient tousiours annoncez en cette maniere. Il m'auoüa qu'il auoit toute ma representation dans l'esprit, deux iours auparauant que de me voir, & que ie luy estois apparu en songe, auant qu'il vint coucher en l'hostellerie où nous nous estions trouuez tous deux. Qu'il reconnoissoit bien dans la forme, & les lineamens de mon visage, que ie n'estois pas né pour luy causer aucun déplaisir, mais que toutefois il auoit essayé d'euiter ma compagnie, & ma connoissance, pource que dans le songe où ie luy estois apparu, il auoit eu quelqu'autre vision tres-épouuantable. A ce discours ie respondis ingenument tout ce qui me pût venir à la bouche, pour rasseurer son esprit, & luy representer viuement la fidelle affection que i'auois desia conceuë pour luy; ie ne luy fis pas toutes ces protestations sans larmes, & larmes si fort efficaces qu'elles exciterét les siennes. Apres cette tendre conference par qui la confiance fut affermie en nos deux cœurs, il m'auertit qu'il estoit tard, & que i'auois besoin de repos. Ie m'allay ietter sur mon lit, mais luy ne fit que se ietter à genoux aux pieds du sien, dont ie croy qu'il ne se releua qu'au point du iour. Le matin nous fusmes ensemble nous promener dans vn iardin de la maison, & nous nous entretinmes des choses qui concernoient la maniere de me mettre au bon estat, auquel il me demandoit, pour me declarer plusieurs secrets d'vn grand poids, & tout le iour fut employé à ce saint exercice. Le iour d'apres, ce grand Philosophe qui s'estoit leué deuant moy me vint auertir que ie m'habillasse promptement, & qu'il auoit à me faire voir des plus hautes merueilles de l'art, & d'incomparables moyens de maintenir la Nature affoiblie par l'aage, alterée par quelque corruption, ou blessée par quelque violence. Il faisoit vn beau iour, & ie ne pouuois mieux prendre mon temps, pour voir auec plaisir les plus belles couleurs du monde.

Ce docte Alchimiste tenoit entre ses mains vn petit pot de grais remply, comme il sembloit d'vne maniere d'onguent commun, mais qui ne seruoit qu'à couurir d'autres marchádises fort rares. Apres qu'auec vne spatule, il eust enleué doucement vn parchemin sur qui tenoit la vilaine drogue, il tira de là dessous trois petites bouteilles de verre, qui n'estoient point si grosses que le bout du doigt, & qui n'estoient qu'à demy remplies. Il les essuya les vnes apres les autres auec vn linge blanc, afin que ie discernasse mieux à trauers le verre les excellentes beautez qu'il renfermoit.

La premiere bouteille qu'il me monstra estoit d'vne couleur de perles, mais qui auoit vn si bel œil, que ie n'ay iamais rien veu de si agreable, l'esclat du vif-argent bien purifié n'est point si beau, & c'estoit vne maniere de poudre vnctueuse.

DISGRACIE'

Ie luy demanday quelle estoit sa proprieté, il me respondit, elle est fort vaine, mais parmy les habitans de la terre qui n'ayment que la vanité, cette poudre est du prix des plus solides richesses, & peut trouuer du credit, où l'or & les diamans n'auroient point de force. C'est ce qu'on appelle huile de Talc, & ce que les Dames qui sont ambitieuses de beauté, souhaitent auec tant d'ardeur, & en disant cela il me monstra la seconde bouteille, où estoit enfermée vne poudre de couleur de feu si viue, & si lustrée que i'eusse bien passé deux heures à la contempler sans m'en ennuyer, & selon la façon dont m'en parla ce Philosophe, qui n'en faisoit gueres plus d'estat que de l'huile de Talc, c'estoit cette poudre de proiection si recherchée par les Alchimistes. Mais quand il me monstra la troisiéme phiole, ce fut auec vn visage riant, & qui ne tenoit rien du mespris dont il auoit consideré les deux autres. Celle-cy estoit presque pleine d'vn onguent precieux, tirant à la couleur de pourpre, & c'estoit ce que les Philosophes appellent la Medecine vniuerselle. Il me fit verser dans vn verre trois doigts du vin qui nous estoit resté le soir, puis ayant tiré auec la pointe d'vne esguille d'or vne petite quantité de cette drogue, il me la fit mettre dedans, & m'obligea d'en boire vne partie m'asseurant que ie m'en trouuerois fort bien, & que i'y trouuerois mesme des delices que ie n'auois iamais ressenties. Il m'estoit monté à l'odorat vne certaine vapeur fort douce, comme ie remuois l'esguille dans le vin ; & cela me donnoit desia de l'enuie d'en gouster. Mais lors que i'eus mis le verre

DISGRACIÉ. 133

à ma bouche ce fut bien vne autre merueille : il me sembla que ie perdisse tous les autres sens par vn rauissement agreable ; & que mon ame se fut retirée de toutes les parties de mon corps pour estre toute entiere sur ma langue, & dans mon palais. Ie n'en aualay qu'vne gorgée, & comme ie tendois le verre à mon Philosophe, qui deuoit boire tout le reste, l'excez de la joye me fit ouurir la main, & le breuuage precieux tomba par terre. Le bon-homme qui s'amusoit à resserrer son Elixir, & ses baumes precieux, fut épouuenté de cet accident, & l'interpreta possible à mauuais augure : il me demanda si i'auois senty quelque contraction de nerfs en beuuant, & comme ie luy eus dit que non, & que ie n'auois laissé tomber le verre que par vn transport de joye : il me tança de me laisser trop aller à la pente que i'auois à la sensualité, & me dit qu'il falloit que ie me souuinsse que nostre ame estoit ereée pour estre la maistresse de nos sens, & non pour estre leur seruante. De mesme temps, il me prit les deux mains, & me les ayant renuersées, arresta fixement ses yeux sur vne; Puis comme il eust esté quelque temps à parcourir de la veuë vne certaine ligne qui s'estendoit en demy cercle depuis le premier doigt iusqu'au dernier, il me dit en branlant la teste, voila des marques d'vne inclination à la volupté qui vous coustera beaucoup de peines. Ie voulus l'enquerir curieusement sur ce sujet, mais il me ferma soudain la bouche en me disant que c'estoiét des presages d'vn mal heur que ie pourrois euiter si i'étois sage, & qu'il m'en entretiendroit vne autre fois plus particulierement.

LA SEPARATION DV PAGE
disgracié, & du Philosophe, & par quel moyen le Page passa la Mer.

CHAPITRE XXI.

Comme nous estions en conuersation vn Religieux nous vint auertir qu'il y auoit vn homme à la porte qui demandoit vn de nous deux. Ie pallis à cette parole m'imagināt que ce pourroit estre quelqu'vn que l'on auoit enuoyé apres moy pour m'arrester : tout à l'instant, l'image de l'homme à qui i'auois donné deux coups d'espée me vint en l'esprit, & bien qu'il n'y eust rien que de franc & de noble en cette action; ie ne laissay pas de sentir en moy quelques mouuemens d'vne conscience épouuentée: mais à la description de l'habit, & la mine qu'auoit celuy qui nous demandoit, le Philosophe pallit à son tour, & me vint dire à l'oreille, c'est moy qu'on demande, ie voy bien qu'il faudra malgré moy que ie vous quitte, mais ce sera pour fort peu de temps, & i'employeray tout le reste de la iournée à vous entretenir des choses que vous aurez à faire durant mon absence. Ie luy voulus repartir sur ce discours, & luy témoigner combien cette separation me toucheroit, mais il ne m'en donna pas le loisir, & courut incontinent trouuer cet homme qui l'attendoit. Ie le suiuis pour obseruer de loin quel pouuoit estre cette personne; c'estoit vn homme fort maigre, & fort pasle, qui estoit à peu prés de l'âge de ce grand Chymiste que ie considerois apres Dieu pour l'autheur & la cause de toutes mes felicitez à venir. Ils furent vne bonne heure ensemble, & selon ce que ie pûs iuger à leurs gestes, ils parloient auec contentions de quelque chose de grande importance : enfin les derniers complimens se firent entr'eux, & le Philosophe ayāt reconduit l'Estranger iusqu'à la porte, me vint apres prendre par la main pour me dire que c'en estoit fait, & qu'il faloit necessairement qu'il se separast de moy pour trois semaines.

Qu'il auoit fait tous ses efforts pour s'en dedire, mais qu'il n'en auoit pû trouuer le moyen. Cette resolution m'affligea beaucoup, & ie ne me pouuois resoudre à passer la Mer sans cet homme, dont ie faisois desia vne partie de moy-mesme. Enfin apres des sermens épouuentables qu'il me fit de se rendre à Londres dans trois semaines au plus tard, & des conjurations ardentes de l'aller attendre en ce lieu chez vn Marchand de ses amis, auquel il adressa vn billet, ie m'accorday à ses prieres. Il me demanda si i'auois de l'argent, & comme ie luy eus dit que ie n'auois que huit ou dix pistoles, il en tira quinze de sa poche qu'il me pria de prendre encore, afin que ie fisse faire vn habit de drap en l'attendant. Il me donna de plus treize ou quatorze grains d'vne poudre trop deliée, & qui estoit de couleur citrine : & me dit que si i'estois beaucoup malade sur l'eau, i'en aualasse tant soit peu dans vne cueillerée d'eau de vie, & c'estoit vne chose fort cordiale & fort amie de la nature. Sur tout que c'estoit le glorieux ennemy de tous les plus pernicieux venins, & que le cœur ny le cerueau ne pouuoient patir par aucune sorte de poison en sa presence. Ie serray soigneusemét ces dons, & l'accompagnay iusques hors de la ville, & lors que nous nous quitâmes ce fut apres de grãds embrassemens, & vne grande effusion de larmes de part & d'autre.

Lors que ie retournay dans la ville, ie n'estois plus ce que i'estois auparauant, & i'eus beaucoup de peine à me faire connoistre en la charitable maison où nous auions couché deux nuits. I'en pris congé le lendemain auec beaucoup de remerciemens, pour m'aller embarquer auec quelques passagers dans vn vaisseau qui faisoit voile pour l'Angleterre: où ie ne fus pas saisi d'vne petite apprehension, lors que i'appris qu'vne bande de violons qui estoit depuis peu partie de mon ordinaire seiour, faisoit ce voyage comme moy. Ie me tins tousiours à fons de cale, de peur que si i'allois me promener sur le tillac i'y trouuasse quelque personne de connoissance qui pust trauerser mes desseins.

COMME LE PAGE disgracié apres vne tempeste, mit en pratique vne poudre que le Philosophe luy auoit donnée, & quel effet elle produisit.

Chapitre XXII.

Nous auions eu vingt-quatre heures de mauuais temps depuis nostre embarquement, apres vn grain de vent qui nous vint surprendre, & qui faillit à nous perdre:

DISGRACIE'. 141

& tout le monde se trouua si mal qu'il y en auoit plusieurs sur le tillac qui passoient pour morts. Quant à moy i'estois sous vn poste, couché de mon long sans faire autre chose qu'ouurir de temps en temps la bouche sans pouuoir vomir, & ie croy que ie ne me fusse iamais releué sans vn charitable matelot qui me vint prendre à trauers du corps, & m'ayant redressé sur les pieds me mit à la bouche vn peu d'eau de vie. Apres que ie fus reuenu par ce remede ie donnay quelque teston à mon Medecin, à la charge qu'il m'en redoubleroit la dose. I'infusay tout à l'heure deux ou trois grains de ma precieuse poudre en cette eau de vie, & ne l'eus pas si tost aualée que ie me trouuay tout remis, elle n'égaloit pas en douce odeur celle dont i'auois gousté dans le Monastere, mais elle se faisoit agreablement sentir au cœur, & au nez : & mesme il en resta vne telle impression dans la coupe du matelot, que tout le monde y vouloit boire. Le bruit s'epancha dans le vaisseau que c'étoit moy qui y auois mis quelque chose : à cette nouuelle châcun me venoit regarder au nez : entre les autres il y eust vn certain Musicien que i'auois veu dans tous les ballets des Princes, qui m'ayant reconnu me vint embrasser auec vn grand cry, ha ! Monsieur, me dit-il, qui vous à fait venir en ce lieu, & comment auez vous quitté vostre Maistre ? & continua de me faire mille demandes importunes : à tout cela ie répondis froidement lors qu'vn de ses amis luy dit brusquement, comment vn tel, tu connois donc ce ieune garçon. He! ie te prie de luy demander vn peu de ce qu'il a mis dans la tasse du matelot pour faire revenir Monsieur le Maistre qui se meurt la haut sur le tillac : il t'aura vne grande obligation de cette faueur, & tu sçais que c'est vn homme qui n'est pas ingrat vers ceux qui luy font plaisir. Il falut qu'à la priere du Musicien, ie redeployasse encore mon petit papier, & la presse fut si grande de ceux qui vouloient voir ce que c'estoit, qu'elle faillit à m'estouffer. Mon remede fit son operation au contentement de Monsieur le Maistre, qui pour me témoigner sa reconnoissance, descendit à quelque temps de là où i'estois auec vn pot de noix confites à sa main dont il m'en fit aualer trois ou quatre, encore que ie l'en remerciasse auec beaucoup d'oppiniastreté.

Depuis, nous fûmes grands amis, & ie receus des marques d'affection de luy que ie n'eusse pas osé esperer d'vn proche parent.

Lors que nous fufmes débarquez, ie me mis en la compagnie de ce galant homme, pour aller gagner cette grande ville qui porte le nom de sa figure. C'eſtoit vn Maiſtre d'Hoſtel d'vn Prince qui eſtoit enuoyé en ce quartier pour preſenter quelques lettres de complimens à ſa Majeſté Britannique, & pour ramener quelques Guilledines, & quelques chiens de chaſſe en Fráce.

N'euſt eſté que i'auois mon billet d'adreſſe, & mon logis de rendez-vous, ie n'euſſe point pris d'autre maiſon que la ſienne; mais i'auois dans l'eſprit d'autres intereſts, qui m'eſtoient plus chers, & ie ne me fuſſe pas détourné de mon deſſein pour la meilleure bonne fortune du monde.

L'ARRIVE'E

DISGRACIÉ.

L'ARRIVÉE DV PAGE
disgracié à Londres, & la mauuaise fortune qu'il eust chez vn Marchand

CHAPITRE XXIII.

SI tost que ie fus au logis du Marchand, dont mon Philosophe m'auoit parlé, & qu'il eust ouuert le billet que ie luy portois de cette part : il me fit beaucoup de caresses, & donna ordre qu'on me traitast comme si i'eusse esté quelqu'vn des enfans de la maison. Cetuy-cy estoit vn homme fort riche, & qui trafiquoit en beaucoup de Prouinces éloignées. Il auoit au moins deux ou trois vaisseaux bien équipez. Tout ce qui me fit peine en sa maison, c'est qu'il n'y auoit que luy là dedans qui sceust entendre ma langue, tellement que lors qu'il en estoit sorty pour quelque affaire, ie ne sçauois comment demander les choses dont i'auois besoin. Ie m'allay plaindre de cette incommodité chez vn ordinaire François, où logeoit le Maistre d'Hostel, dont i'auois acquis les bonnes graces : il y eust là dedans vn honneste homme, qui par compassion de la peine où i'estois, me fournit d'vn petit liure imprimé à Londres, qui m'enseigna la maniere de demander tout ce qui me seroit necessaire : en moins de rien ie le sçeus par cœur, & mesme auec sa naturelle prononciation, à la faueur de quelques valets du logis, qui prirent plaisir à me l'apprendre. Mais cette nouuelle connoissance qui me deuoit apporter de la com-

modité me fut extrémement incommode. Ce Marchand auoit vn
de ses proches parens chez luy pour
luy seruir de facteur dont la femme
estoit assez belle, au moins elle étoit
blanche, vermeille & en bon poinct,
n'ayant au plus que vingt-deux ou
vingt-trois ans. Cette femme dont
le mary n'estoit nullement bien fait,
ietta possible les yeux sur moy pour
m'embarquer dans quelque pratique amoureuse, ie m'apperceus
qu'elle me regardoit auec de grands
yeux, & me lançoit beaucoup de
regards à la dérobée, & qu'elle prenoit grand plaisir à m'entendre pro-
noncer les mots que ie sçauois de sa
langue. Vn soir qu'il y auoit peu de
gens au logis qui estoient encores
occupez à descendre quelques ton-
nes de marchandise dans vne espece de caue, elle me vint trouuer en
ma chambre, & comme si i'eusse

G ij

esté capable de l'entendre elle me fit vn discours auec beaucoup d'emotion, qui dura bien demy quart-d'heure, ie ne sceus rien répondre à tout cela: Mais elle fit semblant de croire que ie me mocquois, & reprit ses discours de plus belle. Enfin comme elle eust bien lassé ma patience ie luy voulus parler par signes, mais elle se retira soudain, & ne me donna qu'vn *Gdoboy*. Cette femme reuint plusieurs fois à ma chambre pour me continuer ses beaux discours, ausquels ie n'entendois rien, & ne vouloit point estre interrompuë en les faisant, de peur qu'elle auoit que i'en perdisse la suite. Apres qu'elle m'eust long-temps importuné de ses douces cóferuations, où ie ne pouuois comprendre aucune chose, il se presenta vne occasion qui finit nostre Comedie. Ce fust qu'vn soir son mary reuint de la ville apres auoir fait grande chere, le boire auec excez, en ce quartier n'estant pas tenu pour vn vice. C'estoit vn ouurage de Bachus auquel il ne restoit plus rien que la parole, encore ne luy estoit-elle pas demeurée bien nette: les continuels hocquets la rendoient mal intelligible, & sa teste estoit si pesante que ses iambes mal asseurées succomboient souuent sous le faix. Comme c'est la coustume de ceux qui ont trop beu de vouloir encore boire; cet homme ne fust pas plustost entré en son appartement qu'il se fit apporter du vin, & commanda qu'on me fit venir pour luy tenir compagnie à souper. I'y vins & fus present à ce spectacle desagreable: I'appris là qu'il n'y a rien qui puisse mieux donner de l'horreur du vice que la propre image du vice, & que les Grecs estoient bien sensez qui faisoient enyurer leurs esclaues deuant leurs enfans pour leur imprimer la temperãce. Ce facteur fist à table beaucoup d'actions indecentes, & tesmoigna par ses paroles, & par ses gestes qu'il ne luy restoit plus rien de cet auantage que nous auons sur les autres animaux. Cependant sa femme n'en faisoit que sousrire: & ne se rendant pas plus sage par cet exemple, prenoit le chemin pour arriuer au mesme point. Elle vuida plusieurs fois vne grande tasse de vermeil doré, faite en Nauire, & i'eus quelque doute que sa raison feroit naufrage par cette voye. Enfin son mary tomba de la table, & ce fut tout ce que nous peusmes faire, sa femme, deux de ses seruiteurs & moy, que de le porter sur son lit. Ie m'estois retiré dans ma chambre apres luy auoir rendu ce bon office, lors que sa femme me vint tirer par le bras, & sans me donner le loisir de reprendre mon pourpoint me ramena auec vn flambeau dans la ruelle de son lit. Ie ne la suiuis que par force, & ne sçauois ce qu'elle vouloit de moy, quand elle s'assit sur le bord du lit, & tirant de dessous, vn grand pot plein de vin elle m'inuita d'en remplir la nauire, qui estoit à terre auprés d'elle. Ie luy fis beaucoup de signes du peu d'enuie que i'auois de boire : mais elle ne se contenta pas de cela, elle remplit la tasse, & me montrant qu'elle alloit boire à ma santé, elle n'en laissa pas vne goute. Puis elle m'equippa le mesme vaisseau, afin que ie le conduisisse de pareille sorte ; la main luy trembloit si fort en me le presentant, qu'elle respandit vne partie du vin qu'elle me vouloit faire boire, mais i'auois si peu d'amour pour cette liqueur que ie ne me pouuois refoudre à boire le refte. Et comme i'eftois en cette peine, & que i'auois defia la taffe à la bouche pour prendre à contre cœur cette medecine, ie m'apperceus d'vne belle occafion pour m'en exempter, c'eft que l'Angloife tourna la tefte du cofté qu'eftoit fon mary, pour voir s'il dormoit profondemét. Ie pris ce temps auec adreffe pour verfer doucement le vin fur mon efpale, aymant mieux que ma chemife en fuft tachée, que mon eftomach en fuft offenfé. Ma Bachante ne s'apperceut pas de cette rufe, & comme tranfportée de ie ne fçay quelle fureur, me mit les deux mains dans les cheueux, & m'approchant la tefte de fon vifage me fit vn hocquet au nez, qui ne me fut point agreable. Ie m'efforçay de m'en dépeftrer, mais elle me tenoit

DISGRACIÉ.

si fort qu'il ne fust pas possible, & là dessus il luy prit vn certain mal de cœur qui deshonora toute ma teste, tout le vin qu'elle auoit beu luy sortit tout à coup de la bouche, & ie ne pûs faire autre chose que baisser vn peu le front pour sauuer mon visage de ce deluge. J'eus les cheueux tous trempez de cet orage, l'horreur que cet accident m'apporta me fit faire vn si grand effort pour me sauuer des mains de cette insensée, qu'elle fut contrainte de quiter prise. Le souuenir de cette vilaine action, me fit le lendemain tenir sur mes gardes, pour euiter les occasions de me rencontrer seul auec cette belle impudente; mais elle-mesme mieux auisée, lors que son vin fut euacué, me donna bien tost conseil de sortir tout à fait de la maison.

G v

COMME LE PAGE disgracié, sortit du logis du Marchand, & de quelle sorte il fust seruy par vn Maistre d'Hostel de ses amis.

Chapitre XXIV.

I'Auois passé deux ou trois fois douant cette Angloise, sans l'oser seulement regarder, tant i'estois honteux de son insolence, & i'estois resolu de ne m'arrester plus vn moment aux lieux où ie la verrois paroistre. Lors qu'elle prit son temps pour me suiure, comme i'allois chez l'ordinaire François, & me venant tirer par le manteau, m'obligea d'aller dans la boutique d'vn Libraire Normand, dont la femme estoit de ses amies, & sçauoit fort bien parler Anglois. Cette confidente luy seruit de truchement pour m'auertir qu'il y auoit eu vn grand desordre entr'elle & son mary, pour mon sujet, & que ce brutal à qui la lumiere que nous auions portée en la ruelle de son lict, auoit fait ouurir les yeux, s'estoit fort bien souuenu à son réueil, qu'il nous auoit veus ensemble durant son yuresse, qu'elle auoit fait tout ce qu'elle auoit pu pour luy oster cette imagination, & luy faire passer cette verité pour vn songe, mais qu'il estoit impossible de luy faire perdre cette opinion. De plus que sa ialousie estoit arriuée iusqu'à ce point qu'il auoit deliberé de m'assassiner à coups de couteau. La libraireße Normande aiousta du sien, que ie ne m'y deuois point fier : que les Anglois de cette condition estoient fort mutins & vindicatifs, & que le mieux que ie pourrois faire ce seroit de ne mettre plus le pied dans ce logis. Cette nouuelle ne me fut point agreable, & les auis qu'on me donnoit me semblerent vn peu fascheux à embrasser. Il n'y auoit pas quinze iours que i'auois quitté ce Philosophe, qui m'auoit remply l'esprit de tant de douces esperances, & i'apprehendois que si ie m'éloignois tant soit peu du lieu de nostre assignation, il m'y vint chercher selon ses promesses, & qu'on ne luy dit point de mes nouuelles. D'vn autre costé, i'auois suiet de craindre, que s'il m'arriuoit quelque scandale par la sotte ialousie du facteur, cela ne dégoûtast le Philosophe de me mener auec luy. Apres auoir bien balancé toutes ces choses en moy-mesme, ie pris le party le plus seur, qui fut d'enuoyer faire vn compliment de ma part au Marchand, qui estoit maistre de la maison, & luy dire que quelques-vns de mes amis estoient arriuez à la ville, qui m'auoient obligé de ne les abandonner point de trois ou quatre iours ; & que ie les suppliois de me faire la faueur, si durant ce temps-là nostre homme arriuoit, de m'en enuoyer auertir chez l'ordinaire François. Cet expedient sembla me reüssir, le Marchand promit de me donner cet auertissement auec soin, & ne tesmoigna point à celuy qui fit ce message, qu'il eust rien appris de tout le desordre. I'eus l'esprit aucunement en repos de ce costé-là, & ne songeay plus qu'à lire dans des liures de Geographie, & de diuers voyages, pour considerer là dedans la temperature des climats, & la nature & coustume des peuples, que ie me proposois d'aller visiter auec mon docte guide, quand il seroit venu me reprendre là, selon ses sermens. Quelquesfois, lors que i'estois ennuyé de la lecture, ie m'allois promener hors de la ville auec ce noble Maistre d'Hostel, qui m'auoit témoigné tant de reconnoissance d'vn petit seruice, & qui me faisoit voir tous les iours que son affection s'augmentoit pour moy. Il ne se passoit point de iour qui fut serain, sans que nous allassions causer sur ce beau gazon, qui n'a iamais esté renuersé par le coutre; & qu'on respecte depuis vn temps immemorial, en faueur du diuertissement des citoyens de cette populeuse ville. Là ie luy racontois bien souuent quelques Histoires que i'auois leuës, ou quelques contes diuertissans, ausquels il prenoit vn fort grand plaisir, & cet amy genereux & & bien faisant, se proposa secrettement de me tefmoigner fa bien-veillance, en cherchant pour moy parmy les Seigneurs du païs, vne condition auantageufe. Vn iour que i'eſtois attaché fur mes liures, il me vint trouuer tout tranfporté de joye, & me dit en m'embraffant étroitement que ie me preparaffe à le fuiure, & qu'il auoit fait ma fortune, pour peu que ie fuffe heureux. Ie fis femblant de luy en eſtre fort obligé, & de receuoir vne grande joye de cette bonne nouuelle ; mais l'efperance que i'auois de voyager auec mon Philofophe, & d'apprendre fes beaux fecrets, m'auoit rendu toutes les autres douceurs infipides. Ie ne laiffe pas toutesfois de mettre l'habit que ie m'eſtois fait faire en Angleterre, & de m'aiuſter pour voir les Maiſtres à qui cet amy m'auoit donné, fans connoiſtre mes fentimens.

*DE QVELLE MANIERE
le Page disgracié fut fait esclaue
d'vne grande Dame.*

CHAPITRE XXIV.

CE genereux Maistre d'Hostel, me mena chez vn grand Seigneur, où ie ne vis rien que de magnifique : tous ses gens estoient vestus de velours, & ses estaffiers qui portoient tous son chiffre sur l'estomach en vne plaque de vermeil doré, estoient tous de fort bonne mine ; mais ie ne faisois que me mocquer en mon cœur de cette belle magnificence, croyant estre en vne meilleure posture que les plus opulens Milords. Mon conducteur, assisté d'vn de ses amis qui estoit habitué en Angleterre, me fit faire la reuerence à vne Dame, & luy dit tant de bien de moy, que le rouge m'en vint au visage; il luy parla de la gentillesse de mon esprit auec excez, & l'asseurant de ma fidelité me seruit de respondant & plege. Tout cela ne me plaisoit gueres, encore que ie fisse bonne mine, ie n'auois point de dessein de m'engager, que iusqu'au iour que le Philosophe dégageroit la parole qu'il m'auoit donnée. Cependant on commença de m'informer de l'employ que i'aurois dans cette maison, qui me seroit fort honorable, & ne me seroit point malaisé : c'estoit pour seruir à l'instruction d'vne ieune Dame, fille de celle que i'auois saluée, & la rendre bien capable d'entendre & de parler ma langue. Ie ne commençois qu'à m'excuser auec modeſtie, de me charger de ce digne ſoin, & d'alleguer ſur cela mon peu de capacité; lors que i'apperceus venir ma pretenduë eſcoliere. C'eſtoit vne fille de treize ou quatorze ans, mais aſſez haute pour cet âge: ſon poil eſtoit chaſtain, ſon teint aſſez delicat & beau, ſes yeux bien fendus & brillás, mais ſur tout ſa bouche eſtoit belle, & ſans hyperbole, ſes léures eſtoient d'vn plus beau rouge que le corail. Ie ſentis vn grand trouble à ſon arriuée, & ſi l'on m'euſt à l'heure poſé la main ſur le coſté, on euſt bien reconnu aux palpitations de mon cœur, combien cet objet l'auoit eſmeu. I'allay luy baiſer la robbe auec cette confuſion eſtrange; & lors qu'elle m'aſſeura qu'elle eſtoit bien aiſe d'auoir vn Precepteur de mon merite, & qu'il y auoit deux iours qu'elle eſtoit dans l'impatience de

DISGRACIE'. 163

me voir, ie me trouuay tout interdit: mon ame estoit tellement occupée à receuoir de delicieux objets par mes yeux & par mes oreilles, qu'elle n'auoit plus de soin de ma langue: il me semble que ie ne respondis qu'en begayant, & qu'auec des expressions d'vne timidité honteuse. Incontinent apres cet abord, ma belle escoliere se trouua vers sa mere, qui nous obseruoit, pour luy dire quelque chose de ce qu'il luy sembloit de ma façon, ou de la maniere qu'elle desiroit qu'on me traitast au logis; puis luy ayant fait vne reuerence pour se retirer en son appartement, elle me commanda de la suiure. I'entray auec elle, & deux de ses Damoiselles dans vn cabinet magnifique; sa lambrissure estoit faite auec vn merueilleux artifice, & parmy l'or & l'azur dont elle esclattoit, on voyoit de petites peintures agreables & bien finies. Sur vne espece de cordon qui regnoit tout à l'entour de ce cabinet, on apperceuoit de toutes les plus rares & les plus precieuses gentillesses qui se tirent du sein de la Mer. D'vn costé vous voyez de grandes conques de Nacre; de l'autre costé c'estoient des vases de terre sigelée admirablement bien fabriquées, & meslez auec des pourcelaines transparentes, quelques petites figures d'or ou d'argent doré, posées sur leur pied-d'estal d'ebeine; & qui estoiét autant de chefs d'œuures de quelques celebres sculpteurs. Il y auoit encore en ce beau reduit, deux grands Miroirs, où l'on se pouuoit voir tout entier; & proche de cinq ou six carreaux de velours posez les vns sur les autres, sur qui cette belle s'assid, il y auoit vne longue tablette d'argent suspenduë auec des cordons d'argent & de soye, & où ie vis quantité de beaux liures arengez.

Lors que ma nouuelle maistresse se fut mise à son aise sur ces oreillers elle se prit à me faire des interrogations de ma naissance, de mon éleuation, & de ma fortune : ie luy respondis à cela conformément au dessein que i'auois pris de cacher adroitement toutes ces choses. Ie luy dis que ie me nommois Ariston, que i'estois fils d'vn Marchand assez honorable que i'auois perdu depuis vn certain temps : & que n'ayāt plus que ma mere, qui ne se vouloit plus mesler d'aucun negoce, ie l'auois priée de me donner congé d'aller voir le monde, puis que ie luy estois inutile dans la maison ; que mon dessein auoit esté de visiter les Païsbas, & la Holande, mais qu'ayant trouué compagnie de connoissance, qui paſſoit en Angleterre, il m'auoit pris enuie de la ſuiure. Enfin que mon bon-heur m'ayant fait rencontrer vne ſi digne Maiſtreſſe qu'elle, i'auois perdu tout à coup la volonté d'errer par le monde, pour borner mon ambition d'vne ſi glorieuſe ſeruitude. La belle Angloiſe teſmoigna qu'elle auoit pris plaiſir à tout ce diſcours, & s'adreſſant aux Damoiſelles, qui eſtoient auprés d'elle, leur en demanda leur auis, mais d'vne façon qui eſtoit ſi fort en ma faueur, qu'elles ne luy pouuoient rien reſpondre là deſſus qui ne fuſt à ma loüange. Cependant vn Page entr'ouurit la porte, & comme on luy euſt demandé en Anglois ce qu'il vouloit ; & qu'il euſt reſpondu là deſſus, ma belle eſcoliere me dit en me touchant le bras auec la main, *allez, c'eſt vous qu'on demande.*

COMME LE PAGE
disgracié & le Maistre d'Hostel se separerent.

CHAPITRE XXVI.

LOrs que ie fus descendu auec le Page iusqu'au bas de l'escalier, ie trouuay que celuy qui me demandoit, estoit cet officieux Maistre d'Hostel à qui i'estois si fort redeuable, qui me vouloit faire quelques leçons sur ma conduite, en l'honneste conditiõ où ie me voyois placé, & pour me faire aussi ses adieux. Il m'asseura qu'il y auoit deux iours que toutes ses affaires estoient faites, & qu'il n'auoit differé de s'en aller, que pour me voir bien instalé dans cette maison deuant son depart; nous allâmes boire ensemble en son logis, & de là ie le conduisis iusques dans vn Parauos à six rames, qui le deuoit mener promptement à Grauesines. Auant que de s'embarquer, il me renouuella les protestations qu'il m'auoit faites par le chemin de me seruir en toutes les choses où ie le voudrois employer, & me força de garder pour l'amour de luy vn petit rocher de diamans qu'il auoit au doigt ; prenant en eschange vn petit iong d'or que i'auois au mien; & fit toutes ces choses là de si bonne grace qu'il en rechauffa de beaucoup le prix. Ie ne me separay point de luy sans quelques larmes, & ie ne me retiray point de dessus le bord de la Tamise, iusqu'à ce que ie l'eus perdu de veuë. De là ie reuins tout triste au logis de ma belle escoliere, admirant

rant la generosité de cet amy nouueau, qui dans vne condition seruile, faisoit paroistre vn cœur si franc & si noble.

LES PREMIERES AMOVRS du Page disgracié.

CHAPITRE XXVII.

Comme toutes les nouueautez plaisent à l'abord, ie n'eus gueres le loisir tout ce iour de ratiociner sur mes auantures. Il falut que ie me tinsse tousiours preparé pour responde à toutes les demandes qui m'estoient faites continuellement, soit par la fille, par la mere, ou par les Damoiselles du logis: mais ie n'oubliay pas pour cela

H

l'homme que i'attendois auec tant d'impatience, & qui me deuoit rendre par ses secrets si sain, si riche, & si satisfait. Dés qu'il fut iour, & que la porte de la maison fut ouuerte, ie ne manquay pas de m'en aller chez l'ordinaire François pour sçauoir si le Marchand chez qui i'auois logé en arriuant, ne m'auroit point enuoyé des nouuelles, touchant l'homme extraordinaire, qui deuoit venir me chercher en sa maison. Ie n'en appris rien du tout; & ne pûs faire autre chose que de donner de l'argent à vn seruiteur de là dedans, qui estoit vn garçon intelligent & adroit, afin que de iour à autre il s'allast enquerir chez le Marchand s'il n'y seroit point arriué vn Estranger fait comme celuy que i'attendois. Cependant ie commençay d'exercer la charge qu'on m'auoit donnée, & ie n'eus pas esté

DISGRACIE'. 171

trois ou quatre iours dans cette exercice, que ma belle escoliere trouua quelque chose d'agreable en ma maniere d'enseigner. Au commencement ie ne faisois rien que l'auertir quand elle mesloit quelque mauuaise prononciation dans ces paroles, ou luy expliquer quelques phrases qu'elle trouuoit difficiles. Mais comme elle se fut vn peu accoustumée à mon visage, & m'eust témoigné qu'elle prenoit plaisir à m'entendre; ie trouuay de certains biais pour m'insinuer à luy faire de petits contes, puis à luy reciter des auantures de Romans : Et tout cela me fit faire quelques progrez dãs le dessein de me mettre en ses bonnes graces. Elle sçauoit quelques euenemens particuliers arriuez à des Amans de cette Isle, & c'estoient pour moy des Histoires toutes nouuelles. Mais elle sçauoit

H ij

fort peu de la Fable ; & presque rien de ces Romans heroïques dont on fait estime ; elle n'auoit encore iamais fait de reflexions sur cet industrieux ouurage qui fust balancé auec l'or, & les perles d'vne mythro, elle n'auoit iamais rien appris de ces ingenieuses nouuelles, par qui l'excellent Arioste empescha son nom de vieillir ; elle n'auoit encore rien sçeu de ces glorieux trauaux, par qui la sublime plume du Tasse rendit sa reputation immortelle, en conduisant le grand *Godefroy* à la Terre-Sainte : & quand ie luy découuris que i'estois capable de l'instruire aucunement de ces agreables matieres, elle crut auoir découuert en moy quelque mine fort precieuse ; elle se flatta de la vanité de pouuoir bien tost deuenir sçauante, sans que cette acquisition luy coustast beaucoup de peine, puis qu'elle n'auroit qu'à me donner de l'attention pour receuoir toute ma lecture. Elle se proposa pour cet effet, de ne laisser passer aucune occasion où elle me pust obliger, sans le faire de bonne grace ; elle me rendit mille bons offices auprés de sa mere, & bien qu'elle fust chargée d'années, & qu'elle fust d'vne humeur fort serieuse, cette adroite fille l'obligea souuent d'entendre des contes friuoles. Elle me fit quantité de petits presens, comme de Tableaux sur marbre auec des bordures enrichies de lapis & d'argent d'oré, elle me donna encore quelque argenterie, comme des chandeliers d'estude, & de petites plaques d'argent pour mettre à la ruelle de mon lit.

Vn iour mesme apres auoir apperceu le diamant que ie portois, elle s'auisa de commander secretement à vne de ses filles de me demander à voir mon anneau, pour remarquer la grandeur de mon doigt, afin de m'en donner vn autre beaucoup plus riche. Ie fus tout eſtonné de l'adreſſe dont elle ſe ſeruit, pour me faire ce preſent, & du moyen qu'elle trouua pour faire imputer au hazard cette liberalité qu'elle me fit auec deſſein. Cette belle en tirant ſon gand laiſſa tomber la bague à terre, en vn temps où il n'y auoit que moy auprés d'elle ; & lors que ie l'eus ramaſſée, & que ie luy penſay preſenter, elle me dit que cet anneau ne pouuoit eſtre en meilleures mains, qu'elle vouloit que ie le gardaſſe pour l'amour d'elle. Toutes ces faueurs qui me venoient d'vne excellente beauté, furent les allumettes qui produiſirét en mon ame vn merueilleux embraſement : & ie trouuois deſia tant de charmes en cette agreable Eſcoliere, qu'à peine ie me fusse resolu de la quiter, quand bien i'eusse veu venir le Philosophe qui me promettoit de si belles choses. A force de considerer cette belle fille, i'en auois peint l'image en mon ame ; & cette agreable peinture erroit continuellement dans ma pensée ; il me sembloit que ie la voyois tousiours encore que ie la perdisse de veuë à quelques heures du iour, & tout le temps qu'elle estoit au lit ; & ce poison que i'auois innocemment beu par les yeux, ne fust pas long-temps à manifester sa malice dans mon cœur. Ie reconnus qu'insensiblement ce mal auoit gagné ma raison, & que i'aymois plus tendrement cette personne, qu'il n'estoit necessaire pour la tranquilité de mon esprit. Elle n'estoit pas seulement presente à mes veilles ; ie la voyois encore en mes songes, si bien que ie n'estois plus vn moment sans inquietude.

QV'ELLE FVST LA premiere preuue d'affection que le Page disgracié receut de sa Maistresse.

CHAPITRE XXVIII.

MA belle Escoliere s'aperceut bien que ie l'honorois cherement, & ne fust pas faschée de voir ma folie; iugeant possible qu'elle luy seroit vtile, & que cette secrette passion m'obligeroit à me rendre plus soigneux de l'entretenir & de l'instruire. Puis l'amour respectueuse, & secrette ne peut estre desagreable qu'aux femmes qui sont preuenuës de quelque puissante auersion.

De moy qui m'en voyois estimé, & qui n'auois point perdu le courage par la perte de ma fortune, ie me proposay insolemment de luy tesmoigner ma passion par toutes sortes de soins & de seruices, attendant que ie peusse prendre l'occasion de luy descouurir ma veritable naissance. Vn iour qu'vne belle fille de ses cousines la vint visiter en la compagnie de sa mere, elle voulut la regaler, & tandis que leurs meres s'entretenoient sur des affaires fort serieuses, mon Escoliere fit faire la collation à sa parente, & l'ayant conduite dans son cabinet, me commanda de leur venir conter quelque belle Histoire. Pour obeïr à ce commandement, & ne m'engager pas en vne matiere qui leur pût estre ennuyeuse, i'entrepris de leur raconter les Auantures de Psiché, & ie ne me trouuay pas alors en mau-

uaise humeur de debiter ces bagatelles. Entr'autres choses ie leur fis
vne description des beautez d'A-
mour, qu'elles trouuerent merueilleuse, pource que ie pris vn stile
Poëtique. Ie ne me contentay pas
de leur representer tout le corps de
Cupidon, comme vne belle statuë
d'albatre qu'on auroit couchée sur
vn lit, & de faire ses cheueux d'vne
agreable confusion de filets d'or. Ie
leur voulus encore depeindre en ce
sujet des choses qu'on ne voyoit
pas. Ie leur voulus faire voir ses
yeux, encore qu'ils fussent couuerts
de leurs paupieres; & i'eus la hardiesse de dire que c'estoient deux
brillans saphirs, que cachoient deux
feüilles de rose. Ie leur representay
sa bouche de la forme, & de la proportion la plus accomplie, & leur
dis que le vif coral de ses leures
couuroit encore deux rangs de per-

les plus blanches & plus precieuses que toutes celles que donne la Mer.

En suite de cela ie figuray l'indiscretion de Psiché dans les transports de sa joye, & comme l'amour nuisit à l'Amour, lors que par vne aueugle precipitation elle respandit sur son aisle vne goute d'huile ardente.

Apres ie vins à l'épouuentable reueil de Cupidon, & luy fis faire des reproches à ma fantaisie, & que ces belles Damoiselles approuuerent, encore qu'elles tinssēt l'autre party.

Mais comme ie fis les plaintes de cette Amante infortunée, qui n'auoit desobey à ce petit Dieu que par surprise, & par de noires suiestions, & qui ne l'auoit bruslé que par vne ardeur innocente; les filles qui m'escoutoient, en vinrent aux larmes. Ma Maistresse se mit vn euantail de plumes deuant les yeux, afin qu'on ne s'apperceut pas qu'ils estoient humides; mais sa cousine moins scrupuleuse ne feignit point de porter son mouchoir sur les siens, & de confesser ingenuëment qu'elle estoit esmeuë de douleur par des expressions si tendres. Incontinent apres cet effet de ma ieune & folle eloquence, & lors que ces belles filles reuenuës de leur émotion se preparoient pour oüyr le reste de mon histoire, la vieille parente de la maison vint à faire ses complimens pour s'en aller, & l'on en vint auertir sa fille. Si bien que ie n'acheuay point lors ma Fable, mais ce fut vne partie qui fut remise au premier iour que les deux cousines seroient ensemble.

La parente de ma Maistresse me fit à ce depart des complimens fort particuliers, & ie pûs lire dans ses yeux, que si ie n'eusse pas esté engagé ailleurs, ie n'eusse pas manqué de Maistresse. Ie respondis à toutes ces choses auec autant de modestie que de tesmoignage de ressentiment. Cependant mon Escoliere qui fut presente à ce mystere, interpreta malicieusement vne ciuilité fort innocente. Apres que sa cousine fut partie elle retourna dans son cabinet, & me commanda de l'y suiure, feignant qu'elle vouloit sçauoir le reste des Auantures de Psiché; mais comme ie fus auprés d'elle, elle ne me parla point sur cette matiere, ou si elle m'en dit quelque chose ce fut comme vn simple accessoire, & non pas comme le principal de son discours. Elle fut vn quart d'heure en silence me regardant de fois à autre, auec des yeux qui faisoient les cruels & les furieux, & lors qu'elle ouurit la bouche ce fut pour me faire vne superbe reproche des loüanges que i'auois receuës d'vne autre bouche, comme si ie les auois mandiées auec empressement, moy qui ne les auois point attenduës.

Cette Ame altiere me demanda fierement si ie n'auois pas esté charmé de l'esprit & de la beauté de sa parente, & si ce n'estoit pas vn sujet capable de me débaucher de son seruice? elle adiousta encore à ces choses, qu'elle ne me vouloit pas retenir auprés d'elle auec tyrannie, si i'auois quelque dessein de la quitter, & que ie deuois agir en ce choix sans nulle contrainte.

A ce discours i'eus le cœur saisi, & deuins si pasle que ma belle Maistresse put facilement s'apperceuoir de ma douleur, & mesme eust occasion de se repentir de l'auoir causée. Ie luy respondis là dessus, lors que ie me fus vn peu recueilly, que ses soupçons m'estoient outrageux, & qu'il n'y auoit point d'apparence qu'elle eust iamais de telles pensées; que ie n'estois plus libre depuis qu'elle m'auoit honoré de ses premiers commandemens; & que s'il m'arriuoit le malheur d'estre esloigné de son seruice, ie n'aurois iamais la lascheté de seruir vne autre Maistresse Qu'elle seule auoit le merite qui estoit capable de me captiuer, & que ses graces & ses bontez iointes à sa rare beauté, estoient pour moy des chaînes indissolubles: Nostre conference dura deux heures, & me fut tellement agreable qu'elle me passa pour vn moment; ie trouuay qu'elle estoit de la forme de ces pieces de Theatre, où la serenité suit l'orage, & dont le commencement est meslé de matieres de troubles & d'inquietudes, la plus part du reste plein de peril & de douleur, mais qui finissent toû-

jours en joye. J'auois joüé le personnage d'innocent accusé, elle celuy de Iuge preuenu, & de partie
vindicatiue : mais apres vn long
plaidoyé, nous nous retirasmes en
bon accord.

DISGRACIE'. 185

COMME LE PAGE
disgracié fut en confidence auec la fauorite de sa Maistresse.

CHAPITRE XXIX.

NOstre conuersation ne fut troublée de personne, mais il y eust toutesfois vne Damoiselle de la maison, qui en voulut faire son profit; c'estoit vn esprit delié qui penetra bien tost dans nos secrets, mais qui ne fit iamais rien à mon prejudice. Cette adroite personne qui étoit fauorite de ma Maistresse, & qui nous auoit veu parler si long-temps ensemble, vint à ma rencontre sur le degré comme ie sortois du cabinet, & m'ayant consideré de fort prés en vne grande croisée; où le iour donnoit encore beaucoup, elle me dit côme en riât, *Estes-vous malade que vous me paroissez si changé? vous auez les yeux humides & rouges, on diroit que vous auriez pleuré, & mesme ie voy sur vos joües vne maniere de trace de larmes que vous n'auiez pas tantost.* Ie fus tout surpris de ces paroles, & parmy ma confusion, ie cherchay de fausses couleurs pour luy donner quelque raison de ce qu'elle voyoit en mon visage; mais cette fille m'asseura qu'elle en connoissoit bien le vray suiet, & me dit qu'elle me conseilloit de viure en sorte qu'il ne fut point connu de quelqu'autre, pource que cela me seroit fort dangereux. Que ie n'auois rien à craindre pour elle qui estoit discrete, & tres-fidele à nostre commune Maistresse, mais que toute autre perſonne, qui deſcouuriroit quelque choſe de cette temeraire paſſion, ſeroit capable de l'eſuenter & de me perdre abſolument. Sur tout que i'euſſe pour ſuſpect d'enuie & d'inimitié, vn certain Eſcuyer de la maiſon qu'elle ſoupçonnoit aymer en meſme lieu que moy, & qui ne pouuoit iamais eſperer de receuoir de traitemens ſi fauorables. Elle me dit beaucoup de particularitez ſur ce ſujet, qui ſeroient trop longues pour eſtre eſcrites; il ſuffira que ie die que ie fus pleinement inſtruit de la folie d'vn jeune homme qui aymoit auec paſſion, & qui n'oſoit deſcouurir ſon mal à celle qui en eſtoit la cauſe; mais qui le faiſoit deuiner preſque à tout le monde, par vne melancholie extraordinaire, & des ſoins qu'il rendoit auec tant de diligence, & d'aſſiduité qu'ils paroiſſoient plûtost des marques d'amour, que des effets du deuoir.

Apres ces bonnes instructions, & des protestations de part & d'autre de nous seruir à iamais auec beaucoup d'affection & de fidelité, sans toutesfois que ie luy descouurisse rien d'important de ma passion naissante, ie me retiray dans ma chambre. Mais ce ne fut pas pour y digerer ces bons auis, & pour y tirer fruit de sa prudence. Ce fut pour m'y pouuoir entretenir en liberté des charmes que i'auois trouuez en la beauté de ma Maistresse, & pour y gouster à loisir de ce doux poison qu'elle auoit n'agueres versé dans mon cœur par mes yeux & par mes oreilles. Ie fis mille agreables reflexiōs sur cette petite ialousie qu'elle auoit tesmoigné auoir de moy, & i'en tiray des cōclusions qui estoient toutes à mon auantage, sur tout ie flatois mes esperances naissantes de l'agreable souuenir d'vne faueur que ie n'ay iamais peu oublier; ce fut vn baiser qui me fut possible donné plustost par vn mouuement de pitié, que par vn transport d'amour, mais qui m'auoit rauy de ioye de quelque origine dont il fut venu.

C'est vne chose estrange que les sensibilitez que donne l'amour, soit pour la ioye ou pour la douleur; & ceux qui ont vescu sans les ressentir peuuent estre accusez auec raison d'estre morts stupides. Ce feu subtil & viuifiant éueille les ames les plus assoupies, & subtilise facilement les sentimens les plus grossiers; dés que l'esprit en est embrasé, il prend vne certaine actiuité qui n'est naturelle qu'à la flamme, mais dans cette delicatesse, que l'ame acquiert pour tout ce qui concerne la chose aymée; si l'on est sensible aux moindres faueurs, on n'est insensible aux moindres iniures, & ce cōmerce est vn agreable champ, où les espines sont en plus grand nombre que les roses. Comme vn regard fauorable, vn petit soûris, vn mot indulgent, rauissent de ioye en de certaines occasions, aussi ne faut-il en quelques rencontres qu'vn petit refus, qu'vn coup d'œil altier, & mesme qu'vne legere froideur pour faire mourir de déplaisir? Amour est vn tyran desordonné qui fait connoistre sa grandeur sans aucune moderation, quand il donne ce sont des profusions estranges, mais quād il exige il n'oste pas seulement la franchise, & le repos à ses sujets; il les dépoüille de toute sorte de bien, & ne leur laisse pas mesme l'esperance de voir diminuer leurs maux.

DISGRACIÉ.

PAR QVELLE INNOCENTE occasion le Page disgracié s'attira la haine d'vn Escuyer de la maison qui estoit secretement amoureux de sa Maistresse.

CHAPITRE XXX.

LE lendemain ie me leuay presque aussi matin que le iour, & m'allant promener en vn iardin, i'allay faire repasser en mon esprit toutes les auantures de ma vie; i'y trouuay dans ma memoire vn merueilleux tableau de l'inconstance des choses; ie m'y vis comme vn fruit nouueau que l'on consacroit au bon-heur, ie m'y retrouuay tel qu'vn festu qu'auoit balayé la fortune; i'y tremblay au souuenir des perils passez, i'y souspiray de l'esperance des biens à venir, & ne m'auisay pas que i'y seruois de ioüet à mes passions. Vn Page moins fameux que moy pour les disgraces, ou pour le bon-heur, me vint enfin tirer de mes profondes reueries, en me venant auertir que nostre Maistresse me demandoit; & ie ne differay pas vn instant à luy rendre cette obeïssance. Ie la trouuay dans son cabinet, plus belle mille fois qu'elle ne m'auoit iamais paru, & plus soigneusement ajustée : elle auoit vn deshabillé de satin de couleur de roses à fonds d'argent, auec lequel elle eust pû representer vne Aurore; ses beaux cheueux estoient bouclez auec autant d'art, que si elle eust esté coëffée de la main des Graces; & i'apperceus sur son visage vn

DISGRACIÉ.

ge vn auſſi grand eſclat de blancheur, que ſi l'on eût étendu deſſus de cette huile de talc ſi recherchée; & pour mon tourment ie ne ſçay qui auoit mis de nouueaux brillans dans ſes yeux qui me firent abaiſſer la veuë. A l'abord elle me prit par le bras, & s'eſtant remiſe dans ſa chaiſe, elle me demanda comme i'auois paſſé la nuict, & de qu'elle ſorte ie me trouuois à ſon ſeruice; ie ne luy celay pas que i'auois fort peu repoſé, mais pource qui concernoit l'eſtat de ma ſeruitude, ie luy proteſtay que c'eſtoient les fers les plus agreables du monde, & qu'il n'y auoit point de courōnes en l'vniuers pour leſquelles i'euſſe voulu donner mes cheſnes: En ſuite de ſes complimens Poëtiques, i'ajouſtay le plus adroitement que ie pûs, mille traits d'adoration, mais auec toutes les circonſpections imginables, de cra-n

I

te qu'on ne s'apperceût de ma temeraire passion. Nostre douce conuersation fut interrompuë trois ou quatre fois, par les allées & venuës des Demoiselles du logis, qui luy venoient dire quelque chose de la part de sa mere ; mais elle ne finit que lors qu'on la vint querir pour disner. Et si la bien sceance des choses l'empescha durant ce temps de continuer de m'entendre & de me parler, son adresse me fut si fauorable, que i'eus encore l'honneur de continuer de la voir & de la seruir. Elle s'auisa de donner sur le champ deux ou trois commissions au Gentil-homme qui la seruoit à table, & me commanda de me tenir aupres d'elle pour la seruir en sa place. Ainsi l'Escuyer dont i'auois à me garder fut interdit plusieurs fois de son office, & ie fus choisi pour l'exercer par commission.

Mais cet homme enragé d'amour, & defefperé de voir que ie faifois fa charge, me la voulut faire payer bien cherement, & par vne épouuentable jaloufie de ce que i'auois donné à boire à noftre Maiftreffe pendant fon abfence, entreprit depuis de me donner à manger d'vne dangereufe viande.

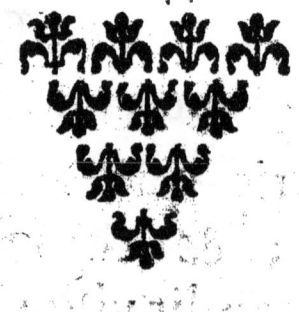

SECONDE IALOUSIE de la Maistresse du Page disgracié, & l'inuention qu'il trouua pour n'estre pas soupçonné d'amour, surpris en pleurant auprés d'elle.

CHAPITRE XXX.

Deux iours ne se passerent point que la Parente de ma Maistresse ne l'enuoyast complimenter. Entre autres choses elle la fit auertir que sa mere estoit indisposée ; & conjurer en cas qu'elle luy rendit visite, de luy faire la faueur de m'amener à son logis, afin qu'elle peust apprendre le reste de la Fable, que i'auois commencé de leur conter. Le Page qu'elle auoit enuoyé estoit François, & ma Maistresse, apres auoir leu le billet qu'elle auoit receu, s'auisa qu'il me parloit à l'oreille, & son esprit en fut alarmé. Les choses que le Page me disoit n'estoient de nulle consequence ; il me demandoit seulement combien de temps il y auoit que i'estois en Angleterre, & si ie trouuerois bon qu'il me vint voir à ses heures de loisir, afin de me dire tout ce qu'il sçauoit qui me pourroit estre vtile, touchant les mœurs & les coustumes des Anglois, auec lesquels il estoit habitué depuis cinq ou six ans, &c. Mais cette ieune beauté, qui commençoit à me regarder de bon œil, eut mauuaise opinion de cet innocent mystere ; elle s'imagina que sa cousine pourroit bien auoir enuoyé ce messager pour me pratiquer, & me débaucher de son seruice, ayant desia pris de l'ombrage de ce qu'elle sembloit me loüer auec affectation. Ie la vids toute esmuë, & toute inquietée, soit à cause du message qu'on luy auoit fait, ou de ce qu'elle voyoit que ie prestois l'oreille aux discours du Page, elle tint quelque temps les yeux arrestez sur moy, & des qu'elle apperceut que ie m'en prenois garde, elle fit signe au Page qu'il la suiuist, & courut à la chambre de sa mere. Ie demeuray quelque temps interdit, d'auoir veu la mauuaise humeur où se trouuoit ma Maistresse, mais ie n'en pouuois deuiner la cause. Enfin ie la vois reuenir auec le Page à qui elle acheuoit de dire en Anglois, tout ce qu'elle vouloit qu'il rapportast à sa cousine, & comme si ce garçon eût esté d'intelligence auec mon mal-heur, pour me mettre mal auec ma Maistresse, il s'arresta long temps

DISGRACIÉ.

à la porte du degré, me faisant signe des yeux de fois à autre, comme s'il eust encore voulu parler. Ma Maistresse obserua curieusement toutes les grimaces, & en tira des conclusions, qui la piquerent, & qui l'obligerent à me tenir vn discours qui me jetta dans vn grand trouble. Apres la retraite de ce compatriote indiscret, ma belle & chere idole demeura quelque temps pensiue, puis m'appellant vers vne fenestre de la sale où nous estions, elle me dit auec vn sous-ris amer, & comme vne personne outrée de quelque grand déplaisir. *Hé ! bien, mon petit Maistre, vous allez estre bien resiouy ? Vous aurez sans doute peu de regret de changer ainsi d'Ecoliere ? N'est-il pas vray que ma cousine vous oblige fort en vous demandant à ma mere pour luy rendre les mesmes soins que vous me rendez ? Sans* mentir c'est vne fort belle fille, & dont l'esprit vous paroistra fort agreable: mais elle ne vous aymera pas mieux que moy. A ces mots ses beaux yeux deuinrent humides; & pour ne me laisser rien voir sur son visage de son despit & de sa douleur, elle fit effort pour s'envoler; mais ie la retins par sa robe, & me mettant sur vn genoux, ie luy respondis, Comment, Madame, quelle nouuelle est-ce que vous m'apportez? Croyez-vous que ie vous puisse iamais quitter pour seruir vne autre Maistresse? Auriez-vous bien si mauuaise opinion de la grandeur de vostre merite, ou de la bonté de mes sentimens, pour croire que ie voulusse changer de chaines non pas quand elles me seroient faites de Diamans, & quand elles me seroient données pour les gages asseurez d'vne Couronne? Sçachez que i'embrasseray plutost la mort que ce changement, & que

DISGRACIE'.

le Tombeau me receura, s'il faut que vous m'abandonniez. Lors que i'acheuay de dire ces paroles, i'auois le cœur si souleué de sanglots, & les yeux si fondus en larmes, que ma belle Maistresse en eut beaucoup de pitié. Elle m'aida à me releuer, me laissa long-temps baiser sa main que i'arousois tousiours de larmes, & me dit des choses si fauorables que i'eus sujet de benir vne affliction qui fut si doucement consolée. Il arriua là dessus que la Maistresse de la maison sortit de sa chambre, & venant à nous elle faillit à nous surprendre, & à voir les pleurs que ie repandois, mais si tost que i'entendis vn peu de bruit ie m'auisay d'vn assez plaisant stratageme, pour donner quelque faux pretexte à mes yeux tous enfle de larmes, & qui deuoient estrez tu rouge. C'est qu'en portant mon

I vj

mouchoir dessus, ie fis semblant de pleurer de rire, & i'executay ce dessein si naïfuement, que la bonne femme y fut trompée. Elle me demanda d'abord ce que i'auois à rire ainsi, mais ie fus encore long temps sans luy rien respondre me pressant contre la tapisserie, & faisant comme si par respect i'eusse estoufé vn immoderé desir de rire. Ie luy demanday pardon de cette foiblesse où i'estois tombé à la veuë du plus ridicule spectacle du monde, ie fus enquis de ce que c'estoit, & la mere en demandoit desia l'occasion à sa fille, croyant que ie n'aurois pas la force de luy raconter sans retomber dans l'excez du rire? lorsque ie luy dis que c'estoit vn fort petit homme, vn visage de Singe, bossu deuant & derriere, & crotesquement habillé, qui passant deuant les fenestres, estoit tombé si lourdement sur le col de sa guilledine, comme son animal auoit bronché, que son manteau luy estoit volé par dessus la teste, & que l'equilette de ses chausses s'estant rompuë par ce grand effort, il auoit montré son derriere: I'aioustay à cela que i'estois honteux de n'auoir pas eu assez de force pour me retenir de rire si fort de cette auanture. mais que tout cela estoit arriué si plaisamment, que ie n'aurois peu m'en empescher, quand bien i'en eusse deu mourir. La vieille Dame rit vn peu de cette histoire, & donna ces mouuemens indiscrets à ma ieunesse, mais sa fille admira mon inuention, & me sceut bon gré de cet artifice.

Apres que ce propos fut acheué l'on en commença vn autre qui ne me fut guerre agreable, c'est qu'ayant des affaires d'importance qui l'empeschoient de sortir de tout ce iour, la bonne mere fut d'auis que i'allasse faire de sa part quelques complimens à sa sœur, & quoy que mon Escoliere dit pour faire donner cette commission à quelqu'autre, ce fut vne chose toute resoluë, i'allay donc faire ce message, quoy qu'à contre-cœur, me doutant bien que ce me seroit vne nouuelle matiere de trouble.

DISGRACIÉ. 205

SVITE DE LA IALOVSIE de la Maistresse du Page disgracié, & quel progrez cela fit faire à son amour.

CHAPITRE XXXI.

MA Maistresse me faisoit tort, lors qu'elle me soupçonnoit de pouuoir aymer ailleurs, mais elle ne se trompoit guere quand elle auoit opinion que sa cousine auoit du dessein pour moy. Ie m'en apperceus bien dans le message qu'on me commanda de luy faire, ie fus tout estonné du bon acueil que me firent tous ceux de la maison, & cela ne deuoit venir, que du desir qu'il auoient de rendre en cela quelque complaisance à leur maistresse. Dés que le Page François m'eut apperceu dans la cour du logis, il courut en auertir sa jeune maistresse, & ie le vis reuenir au deuant de moy, auec deux Demoiselles. Ie demanday d'abord que l'on me fit la faueur de me conduire dans la chambre de la mere, mais on me mena tout droit à l'appartement de la fille, qui me tesmoigna beaucoup de joye de me voir, & me fit beaucoup d'honnestes caresses. A toutes ces faueurs ie demeuray froid comme vne piece de glace, & ne fis qu'insister sur ma retraite : disant qu'on m'auoit ordonné de ne demeurer pas long temps à reuenir, & que l'on auoit affaire de moy. Mais ce furent des paroles vaines, ie fus toûjours retenu par force, on me fit apporter des confitures, & l'on m'obligea d'en manger. Le chagrin que ie témoignois auoir ne fut pas expliqué en sõ vray sens; La belle cousine le prit pour vne honneste crainte de déplaire à la personne que ie seruois ? & creut qu'il y auoit quelque chose de seuere en ma seruitude. La dessus elle me dit mille choses fort obligeantes, comme souhaittant que l'on me traitast auec plus de douceur, & meslant adroitement à ce discours quelques offres d'affection qui n'estoient point des offres vulgueres. Tout ce que ie peus faire en deux heures, ce fut de me débarasser de cette conuersation : & ma maistresse qui sçauoit bien compter le temps que i'y deuois estre pour ne luy déplaire point, m'en fit porter la penitence. Apres que i'eus veu la malade, & que ie me fus chargé de ses remercimens, ie vins retrouuer ma maistresse, & luy fis vn fidele & naif rapport de toute cette grande couruée : mais elle eut bien de la peine à se payer de mes raisons, & tout ce que ie peus faire pour l'appaiser, ce fut de luy promettre de ne l'aller iamais plus voir chez elle, & de feindre que i'estois malade pour me dispenser de l'accompagner le lendemain en cette visite, comme sa cousine s'estoit promis. Pour rendre la chose plus vray semblable il fut arresté que ie me ferois tirer du sang le matin suiuant, & que ie ne sortirois point de ma chambre.

La chose fut faite comme elle auoit esté arrestée, on me vint saigner, ie me tins au lict fort tard, & ma Maistresse allant auec sa mere rendre vne visite à sa tante, fit mes excuses à sa cousine : qui ne peut s'empescher de tesmoigner le déplaisir qu'elle receut d'apprendre mon mal, & de m'en enuoyer promptement des marques. Dés que sa Tante & sa cousine furent parties de chez elle, elle m'enuoya le Page François, auec d'honnestes complimens, & vne fort belle escharpe pour porter le bras dont i'auois esté saigné. Ie receus & respondis auec actions de graces aux complimens, mais ie refusay de prendre l'escharpe, m'en excusant sur ce que ie sçauois bien ne meriter pas vn si beau present, & disant que cela estoit si riche & si fort esclatant que ie ne l'oserois porter, mais le Page tenoit ce discours pour vne petite ceremonie, & dépliant l'escharpe me la passa autour du col, quelque honeste resistance que i'y apportasse. Sur ces entre-faites, vn carosse entra dans la cour où nous estions, & ma Maistresse qui estoit à la portiere vid fort bien le Page de sa cousine, & l'escharpe qu'il m'attachoit. De vous dire ce que ie douins à sa veuë, c'est vne chose du tout impossible, mais ie vous puis bien asseurer que ie fusse mort alors subitement, si l'on pouuoit mourir de douleur & de honte.

Aussi-tost ie m'auançay du costé qu'elle deuoit descendre, afin de luy presenter la main, mais elle ne voulut point se seruir de moy, & lors que ie pensay la suiure en son appartement afin de me iustifier, elle commanda qu'on fermast la porte. Tellement que sans auoir fait aucune faute, ie me vids puny d'vn supplice épouuentable. Ie ne perdis point toutefois l'esperance de flechir cette belle inhumaine, & tirant conseil en ma confusion d'vn assez bon prouerbe qui porte que *qui quite la partie la pert*, ie me resolus à me tenir toute l'apres disnée iusqu'au soir à la porte du cabinet de ma Maistresse. Sa fauorite en sortit quelque temps apres, & me voyant sur le degré posé comme vn terme, elle me dit en passant que ie ne m'affligeasse pas, & que nous auions à gouuerner vn esprit assez difficile, & qu'il faloit gaigner par adresse & par patience, & lors qu'elle vint à rentrer dans ce Temple qui m'estoit clos, elle me promit encore de m'y fauoriser de ses suffrages. Enuiron vne heure & demie apres, ce bon Genie, qui m'auoit si genereusement offert ses conseils & son assistance, entrouurit la porte pour passer vers l'appartement de la Dame de la maison, & sortant brusquement me fit signe que j'entrasse dans le cabinet. Ma Maistresse y estoit demeurée toute seule, & ie ne pouuois mieux prendre mon temps pour faire l'effort qui me remit en ses bonnes graces. Ie l'experimentay à l'abord fort seuere, mais l'aspreté de son cœur fut à la fin adoucie par la force de mes protestations, & par la quantité de mes larmes. La premiere chose qu'elle me dit en me repoussant de la main, comme ie me jettois à ses pieds pour luy demander pardon, fut à peu pres en ces paroles. *Quoy mechant auez-vous bien la hardiesse de vous presenter deuant mes yeux, apres la trahison que vous m'auez faite? auez-vous quelqu'autre sorte d'infidelité à commettre qui vous donne ainsi l'impudence de me desnier la derniere? pouuiez-vous en estre mieux conuaincu? voulez-vous reprocher mes yeux qui l'ont veuë, & me faire passer cette verité pour quelque vaine illusion? n'estes-vous pas deuenu publiquement l'esclaue enchaisné de ma cousine? qu'auez-vous fait de l'escharpe qu'elle vous vient d'enuoyer? ce n'est pas vne faueur à vous faire honte, puis que vous faites gloire de la seruir en me desobligeant au dernier poinct?*

DISGRACIE'.

Ie laissay passer toute cette impetuosité, puis quand elle m'eut fait ces reproches, ie luy soustins hautement que i'estois innocent de toutes ces choses, & luy fis tant de sermens que ie ne trempois point dans cette pratique, que cet esprit reuint enfin. Le soupçon s'estoit rendu bien fort en son ame, mais les marques de l'affliction qu'il me donna furent assez fortes pour le destruire. Bien loin que la bonne volonté qu'elle auoit pour moy diminuast par cette auanture, elle s'augmenta de beaucoup ; mon amour outragée à tort leua tout à fait le masque, & me fit dire à ma belle Maistresse ce que ie luy auois celé de ma naissance iusqu'alors, elle apprit ce iour là comme i'estois nay Gentil-homme, & dans quels honneurs i'auois esté esleué. De plus, comme la jeunesse est audacieuse

& fole, tenant bien fouuent pour des biens folides les biens qu'elle ne poffede qu'en efperance, i'ofay l'affeurer qu'auant qu'il fut trois mois ie la viendrois demander en mariage à fes parens, auec vn equipage, & vn efclat qui feroit efgal à ceux des plus grands d'Angleterre. Et i'eftois fi fimple de me promettre toutes ces profperitez fur la parole de l'Alchimifte que ie ne reuis plus iamais. Cependant ma Maiftre fut toute perfuadée de mon merite & de ma fortune à venir, & s'imprima fi bien l'opinion que ie luy en auois donnée, qu'elle ne fit plus aucun fcrupule de s'abandonner à m'aymer, ne me regardant pas feulement comme vn domeftique agreable, mais me confiderant mefme comme quelque Seigneur deguifé, qui la deuoit bien-toft efpoufer. Depuis cette conference nous

DISGRACIE'.

en eufmes beaucoup d'autres agreables & fecrettes, & ce qui faillit à
me perdre, c'eſt qu'à la faueur de
nos eſperances imaginaires elle
fit eſclater de là en auant vne affection trop viſible.

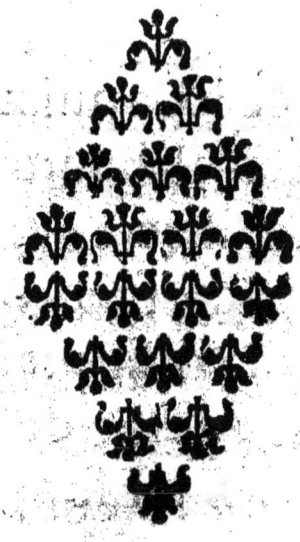

COMME LE PAGE disgracié fut empoisonné.

CHAPITRE XXXII.

Depuis ce iour qui me fut heureux & mal-heureux tout ensemble, ma maistre s'auisa de mille inuentions pour faire que ie fusse incessamment en sa presence, elle ne prit plus la peine de donner des commissions à son Escuyer, afin que i'eusse lieu de la seruir à table, elle luy commanda d'authorité absoluë de me laisser exercer sa charge, & cét homme si mal traité par cette belle, se resolut à s'en venger par ma mort. Vn soir que ie ne
m'estois

m'estois pas trouué à l'heure du souper, m'estant aresté trop long-temps vers le logis, où deuoit arriuer le Philosophe : & qu'on m'auoit apporté à máger en ma chambre, ie fus tout estonné qu'apres auoir aualé tant soit peu d'vne salade qu'on m'auoit seruy, ie sentis vne estrange cuisson dans ma gorge, & dessus ma langue, les leures me deuindrent enflées, & la fiéure me saisit du mesme temps. Ce própt & violent effet ne laissa personne en doute que ie n'eusse aualé quelque poison, & ceux qui auoient intereft à ne l'auoüer pas si franchement que les autres, disoient au moins qu'il s'estoit fortuitement trouué quelque aragnée parmy les herbes de la salade. Cependant il falut recourir aux remedes : on me fit avaler de l'huile tiede, afin de m'exciter à vomir. Mais comme

K

le Medecin de la maison me voulut presenter dans vne cuilliere ie ne sçay quelle espece d'antidote, i'allay me ressouuenir qu'il me restoit encore de la poudre merueilleuse du Philosophe, & ie ne voulus point prendre d'autre contrepoison. Sitost que i'en eus pris trois ou quatre grains, i'en ressentis promptement le miraculeux effet, & le venin quitta la place à cette vertueuse composition. Ie demeuray seulement lassé du grand effort que i'auois fait, & les leures aucunement enflées & noires, ce qui m'obligea de garder la chambre ; car ie ne me pouuois resoudre à me produire deuant ma Maistresse en vn si desagreable estat: mais elle ayant appris cette auanture, ne differa gueres à me venir voir. Elle fit semblant de se vouloir aller promener auec sa fauorite te sur vne grande terrasse qui estoit auprés de ma chambre, & delà s'introduisit à me venir voir, pour me consoler de cette disgrace, & me tesmoigner combien elle y prenoit de part. Ie ne pûs gueres luy répondre que des yeux, à cause de l'incommodité qui me restoit, & les siens me repartirent souuent auec des larmes. Ensuitte de cette visite, elle vouloit faire faire vne exacte & rigoureuse recherche de ce manifeste empoisonnement, fulminant contre les autheurs de ce malheureux attétat: mais sa fauorite plus iudicieuse qu'elle ny moy, la détourna de ce dessein, luy faisant connoistre que cette recherche seroit vaine, & qu'elle ne seruiroit qu'à faire découurir des choses qu'il estoit besoin de tenir cachée. Le meilleur pour nous fut de dissimuler ce crime, & d'empescher mesme que ce bruit ne vint jusqu'aux oreilles de la bonne mere. Durant cette indisposition ma belle Maistresse m'enuoya de son cabinet quantité de confitures, & commanda tousiours à sa fauorite de m'apporter à manger elle-mesme des plats qu'on luy auoit seruis, & pour me témoigner dauantage la tendresse de son amour, elle me vint apporter vn soir pour me regaler vne quantité de petits Bijous de pierrerie auec vn brasselet de ses cheueux qui auoit pour fermoir vne table d'emeraude fort belle, que i'acceptay pluſtoſt en consideration de la main qui me les donnoit, que pour l'eſtime de leur richesse, faisant peu d'eſtat de toutes ces besongnes de prix, lors que ie songeois aux immenses thresors que i'attendois du Philosophe. Aussi piqué de vanité, & souhaitant de respondre bien-tost prodigalement aux liberalitez de ma Maistresse, ie ne passois gueres de iours sans enuoyer deux ou trois fois chez le marchand, où ce merueilleux homme se faisoit attendre, & ie commencois d'estre en peine de ce qu'il ne se rendoit point à Londres au temps qu'il m'auoit promis, veu qu'il y auoit plus de trois semaines que i'auois marqué le logis.

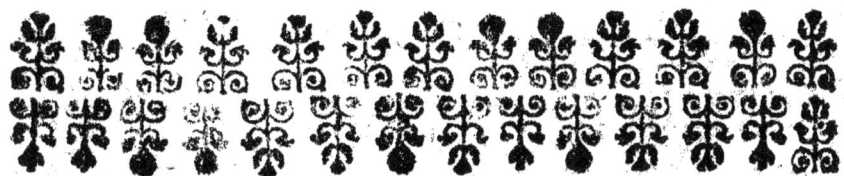

LE PARTEMENT DV PAGE disgracié auec sa Maistresse, & comme il receut vne lettre de sa cousine.

CHAPITRE XXXIII.

LA mere de ma Maistresse n'estoit venuë à Londres, que pour y voir la decision d'vn grand procez, & toutes ses affaires estant faites elle se delibera de s'en retourner en vne de ses maisons, qui est vn superbe chasteau situé sur le bord d'vn ruisseau vers la frontiere d'Escosse, & ie fus tout surpris vn soir que la fauorite de ma Maistresse me vint auertir qu'il falloit se tenir tout prest pour partir le lendemain.

Cette nouuelle me troubla fort, ie ne pouuois me separer de ma Maistresse de la moindre distance du monde sans mourir, & ie ne pouuois aussi m'éloigner sans beaucoup de difficulté du lieu où reposoit l'esperance de mes richesses imaginaires. Ie n'auois pas la force de demander à demeurer, & n'estois point capable de partir sans vne extresme melancolie. Enfin le plus fort l'emporta, ie me mis en carrosse auec ma Maistresse, apres auoir laissé toutesfois des ordres & de l'argent, afin qu'on me vint auertir quand le Philosophe Chimique seroit venu. Ie ne vous ay point dit auec quels empressemens la cousine de ma Maistresse s'informa de moy tout le temps que ie fus malade, ny combien de fois elle enuoya son Page à nostre logis, sans qu'il pût trouuer moyen de me voir à cause des précautions qu'on y apportoit, ie vous diray seulement que dés que nous fusmes sortis de la ville, vn homme à cheual courut apres nous, dont le visage n'estoit connu d'aucune personne de nostre train. Ce courrier s'informa tous haut d'vn ieune garçon François qui deuoit estre dans cette troupe, disant qu'il auoit vn paquet de lettres à luy donner qui venoient nouuellement de France. Ie l'entendis de la portiere où i'estois, & luy fit signe que c'estoit à moy qu'il deuoit donner le paquet; tirant en mesme temps de ma poche quelque piece d'or pour le recompenser de sa peine. Il me donna les lettres & le carrosse s'estant arresté par le commandement de ma Maistresse, il me dit que c'estoient des nouuelles de consequence qu'on luy auoit fort recommandées, & qu'il viendroit jufqu'à la difnée pour apprendre fi i'aurois rien à luy commander là deffus. A ces paroles mon cœur fut tout fouleué de ioye, ie crus que c'eftoit abfolumét mon Philofophe qui eftoit venu, & dont on me donnoit auis, & ie fus fur le point de faire inftance à ma belle Maiftreffe de me faire donner le cheual d'vn de fes domeftiques qui prit ma place, attendant que i'allaffe faire vn tour iufqu'à Londres. Ma Maiftreffe s'apperceut bien de mon inquietude, & portant auec peine mon impatience me commanda d'ouurir mes lettres : ie ne tarday gueres à luy obeïr, & les ayant dépliées ie les parcourus de la veuë en vn moment, & deuint tout pafle à cette lecture. Ma Maiftreffe s'en apperceut, & me demáda qu'elle mauuaife nouuelle i'auois receuë, qui me changeoit ainfi le visage : mais ie luy repartis auec beaucoup de couleur qui venoit d'vne ieune honte, que c'estoit des lettres de ma mere, qui estoit vn peu indisposée. Comme i'eus replié ma lettre pour serrer diligemment, cette belle en voulut lire le dessus, pour voir la maniere du caracter, ou pour connoistre quelles qualitez on me donnoit : ie luy presentay librement, & dés qu'elle eut veu le dessus, elle se douta aussitost de ce qu'il pouuoit y auoir dedans, & de la part dont elle venoit. Cependant elle me rendit, & dissimula adroitement le soupçon qu'elle en auoit pris. Pour me surprendre toutesfois : & verifier mieux nom infidelité, elle me demanda tousiours de fois à autre, quelque chose touchant cette lettre, tantost d'où elle estoit dattée, puis quelle estoit l'indisposition de ma mere, & quelles autres nouuelles elle me mandoit de celles que ie pouuois luy dire auec bien sceance; à tout cela ie respondois auec trouble & confusion; ma rougeur redoublant tousiours, & la peine où ma Maistresse me mettoit par ses interrogations fut si grande, qu'elle en eût pitié, reconnoissant bien que c'estoit me metre à la torture que de parler sur ce sujet. Enfin nous arriuasmes en vn certain chasteau, où le disner nous attendoit, & en attendant que l'on mit sur table, ie demanday vne escritoire & du papier au depensier pour renuoyer auec responsse le messager qui m'auoit suiuy. Comme i'écriuois en secret dans vne chambre écartée, ma Maistresse me vint surprendre, ne me donnant pas le loisir de serrer la lettre qui estoit ouuerte sur la table, elle trouua qu'elle estoit ainsi.

I'Ay creu vous auoir assez tesmoigné mon affection pour meriter de vous quelques marques de ressentiment. Cependant i'ay languy huict iours en attendant de vos nouuelles, sans auoir eu le bien d'en apprendre, i'auois à souhaitter que vous m'eussiez esté tousiours inuisible, comme vous l'estes à tous mes gens, & que ie n'eusse pas conceu les esperances qui m'ont trompée. Si vostre silence pour moy est affecté ne le rompez point, mais s'il est forcé par quelque rigueur estrangere, cherchez les moyens de me faire sçauoir de vos nouuelles, ou trouuez ceux de me venir voir, puis que ie suis auec passion,

Vostre affectionnée seruante, & meilleure amie

DISGRACIE'.

Ma Maiſtreſſe leut cette lettre auec vn peu d'émotion, y reconnoiſſant d'abord l'affection de ſa couſine, mais comme elle n'y vid point de marques que i'euſſe de grandes intelligences auec elle, elle ne me fut pas difficile à ſatisfaire, tout ce dont elle ſe plaignoit, c'eſt que ie ne luy euſſent pas découuert la choſe, & qu'au contraire ie luy euſſe déguiſé ce myſtere auec des menſonges. A ces reproches, i'oppoſay la reuerence que i'eſtois obligé de porter à toutes celles de ſon ſexe, & cette ſage & inuiolable diſcretion que les honneſtes gens ont accouſtumé de conſeruer pour les Dames, tellement qu'elle receut cette excuſe, & m'ordonna ſeulement pour penitence d'écrire ces mots à ſa couſine.

Responce du Page disgracié à la cousine de sa Maistresse.

ENcore que vostre merite soit rare, & que vos bontez pour moy soient grandes ; ie vous supplie tres-humblement de ne vous estonner pas, si les ressentimens que i'en témoigne sont mediocres : La Maistresse que ie sers est telle qu'elle m'oste tout moyen, comme tout loisir d'y respondre. C'est pourquoy vous me feriez en vain l'honneur de m'obliger par tant de soins, puis qu'à peine ie me trouue capable de prendre assez de temps pour vous écrire que ie suis,

Vostre tres-humble seruiteur.

DISGRACIE'. 231

Ainsi l'expedition du courrier fut faite, & ma Maistresse eut la malice de vouloir que ie dépeschasse deuant elle, soit pour obseruer si ie l'entretiendrois long-temps, ou pour auoir la satisfaction de voir le mespris que ie faisois de ce message.

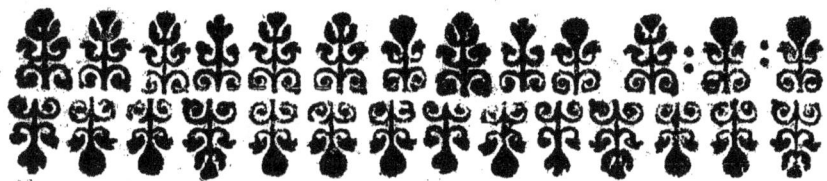

LES PRESENTS QVE LE Page disgracié receut de la part de sa Maistresse, ainsi qu'ils faisoient voyage ensemble.

Chapitre XXXIV.

Nous continuasmes paisiblement nostre voyage ; & durant ce temps i'entrepris de conter à ma Maistresse tout ce que i'auois leu de l'Astrée. Personne n'ignore que c'est vn des plus sçauans, & des plus agreables Romans qui soient en lumiere, & que son illustre Autheur s'est acquis par là vne reputation merueilleuse. I'en entretenois tous les iours cinq ou six heures ma Maistresse sans que ses

DISGRACIE'.

oreilles en fussent fatiguées, non plus que celles de sa fauorite, & c'estoit vn charme dont i'endormois la mere, & vne de ses confidentes afin qu'elles ne peussent prendre garde aux œillades que nous lancions, & aux petits mots que nons nous disions souuent à l'oreilles. Cependant l'Escuyer qui m'auoit empoisonné, & qui poussoit souuent son cheual par curiosité deuant la portiere où i'estois, enrageoit de toute sa force d'apperceuoir l'estat de ma gloire, & de la bonne intelligence où i'estois auec cette belle Maistresse, qu'il adoroit secretrement, & dont il n'estoit point fauorisé. Ie luy voyois souuent leuer les yeux au Ciel, & faire d'estranges grimaces, & quoy que ie me doutase bien que c'estoient autant d'imprecations qu'il faisoit pour moy, ie ne me peuuois empefcher d'en rire. Vn foir que nous eftions arriuez au gifte en vn certaine chafteau qui appartenoit à vn des parens de la maifon, & où nous deuions feiourner deux ou trois iours, vn garçon Irlandois du logis qu'on m'auoit donné pour me feruir, me vint auertir qu'on auoit fait apporter à ma chambre vne male qui n'eftoit point à moy, me demandant fi ie voulois permettre qu'il l'a recéut, & comme i'eftois en peine de ce que fe pouuoit eftre. La fauorite de ma Maiftreffe nous entendit, & me dit en riant que ie ne trouuaffe point eftrange, & que c'eftoient des hardes qui appartenoient à vn de fes meilleurs amis. Ie luy fis beaucoup de ciuilitez fur cette declaration, & commanday auffi toft à mon valet de prendre le foin de cette valife, mais comme ie me fus retiré pour m'aller coucher, cette mesme personne m'en enuoya les clefs, & me fit dire que tout ce qui estoit dans ma chambre estoit à moy. Ie me trouuay tout surpris à cette nouuelle, & voulus voir quelles estoient ces hardes dont ie ne me souuenois point : i'ouuris aussi-tost le coffre & trouuay dedans deux habits fort beaux, & pliez bien proprement auec leur petite oye fort éclatante, ie defis encore plusieurs paquets, où il y auoit vne quantité de linge, & dans vne boëte quarée qui estoit de celles qu'on fait en la Chine couuerte de laque luisante & d'or, ie trouuay des bouteilles magnifiques d'essence & de poudre de senteur, parmy ces choses ie d'écouuris vne boëte de pourtraict couuerte de diamants, dans laquelle estoit representée la Diuinité que i'adorois,

& le portraict couuert d'vn petit papier fin, plié en quatre dans lequel ie trouuay ces mots.

Si vous considerez ce present par sa seule valeur, vous n'en ferez guere d'estat, mais si vous prenez garde en le receuant à l'affection de celle qui vous l'enuoye, vous ne le mespriserez pas, portez ces choses pour l'amour de moy, qui veux tousiours porter vostre image dans mon ame.

Ce billet n'estoit point signé, mais il estoit accompagné d'vn certain chiffre que ie connoissois, & que ma Maistresse auoit graué cent fois deuant moy sur les vitres de la fenestre auec la pointe d'vn diamant. Ie baisay long-temps, & l'écriture & ce portraict, & fus tout émeu du ressentiment d'vn amour que ie reconnoissois si soigneuse &

si tendre. Cependant comme on ne trouue pas les roses sans espines, ie ne pus gouster entierement cette ioye, sans quelque espece de deplaisir, m'inquietant pour lors plus que iamais du retardement du Philosophe, dont ie souhaittois l'arriuée auec passion, afin de l'obliger à me faire part de ses excellens secrets pour auoir apres le moyen de me ressentir des generositez de ma Maistresse, & faire aussi de grandes liberalitez à sa fauorite.

*D'VNE FAVORABLE NVICT
où le Page disgracié reçeut d'autres
gages de l'affection de sa
Maistresse.*

CHAPITRE XXXV.

DEs que ma Maistresse me peut estre visible ie ne manquay pas de m'en approcher, pour luy rédre de tres-humble graces de ses presens, mais elle me ferma la bouche dés que ie commançay d'en parler, de peur que ie fisse souffrir sa modestie, ou que cela ne me donnast quelque espece de confusion. I'admiray dans cette genereuse discretion ces sentimens d'ame bien née, & depuis i'ay fait là deſſus des reflections qui ne ſont point à la gloire de ces Grands, qui ne conſiderent qu'eux-meſmes, & leur vanité, lors qu'il font quelque liberalitez : & qui départent ſouuent des biens-faits ſans obliger parfaitement ceux qui les reçoiuent. Apres, auoir receu beaucoup d'importunitez ils donnent vne eſpece de pain meſlé de pierres, & qui ſeroient bien faſchez de ne point affliger par leur inſolence ceux qui pretendent gratifier par vadité.

Ma Maiſtreſſe paſſa preſque tout le iour ſans vouloir preſter l'oreille aux choſes que ie penſois luy dire tout bas, & me fit touſiours connoiſtre que ie ne luy pouuois rien dire ſur cette matiere, ſans luy donner trop de confuſion, enfin ie vainquis ſa reſiſtance en luy faiſant ſigne que ie luy voulois parler de son portraict, qui estoit d'vne minature excellente, & où le peintre auoit employé tout son Art à faire connoistre que sa beauté ne pouuoit estre iamais flatée. Nous eusmes de grands discours sur ce sujet, qui fut tousiours vn combat entre mon amour & sa modestie, mais son honneste retenuë fut contrainte de se rendre, & de laisser triompher mon zele, & ne me pouuant alors faire vne faueur plus grande, elle me donna sa main à baiser, faisant semblant de la vouloir mettre contre ma bouche pour me faire taire.

Cependant tous ceux de la maisó, excepté l'Escuyer qui me haïssoit fortemét, venoient considerer l'habit neuf que i'auois pris ce iour là, & me trouuant si bien vestu me demandoient le nom de mon tailleur,

&

DISGRACIE'.

Tailleur, & s'il estoit Anglois ou François, ce que m'auoit cousté ma petite oye, & beaucoup d'autres choses, à quoy i'auois grand peine à respondre. Ma Maistresse & sa Fauorite mesme, se mesloient aussi de m'en dire quelque chose, pour faire croire aux autres qu'elles n'en estoient pas mieux informées, mais elles ne m'en disoient qu'vn mot en passant.

Le soir de deuant le iour de nostre depart de ce beau Chasteau, où nous auions esté traitez auec beaucoup de magnificence, ma Maistresse se retira de fort bonne heure, se trouuant fatiguée des complimens qu'elle auoit receus de tous les Nobles du voisinage : & possible qu'elle faisoit scrupule en ma faueur d'escouter plus long-temps quelques Seigneurs qui la cajoloient. Dés qu'elle fut dás son lict elle m'enuoya que-

L

rir par sa Favorite, qui me dit tout haut en presence de sa mere, qui s'appuyoit sur mon bras, que sa Maîtresse ne pouuoit dormir, & que ie luy vinsse dire quelque Histoire, qui pût seruir à cet effet. La bonne mere à qui la santé de sa fille estoit precieuse, m'en donna tout aussi-tost la permission, sans y trouuer rien à redire, & ie fus conduit par la main vers le comble de mes delices. Ie ne vous diray point icy des choses qu'on peut mieux ressentir que dire, & que l'on n'est pas digne de ressentir, lors qu'on est capable d'en parler. Ie fus six ou sept heures sur vn genou dans vne ruelle de lict, receuant toutes les honnestes faueurs qu'on peut donner pour gages d'vne honneste amour. Il y eut de part & d'autre cent protestations reïterées d'vne fidelle passion, mille objections faites par la crainte, &

DISGRACIE'.

diſſoutes par l'amour, & toutes ces inquietudes eurent leur repos ſur la fermeté d'vne foy donnée & receuë. Ie ne me retiray point d'auprés de ma Maiſtreſſe qu'apres en auoir obtenu beaucoup de ſolides preuues d'vne inuiolable affection ; ie luy dis quantité d'adieux, par qui noſtre conuerſation ne fut point rompuë, pource qu'elle me retenoit encore apres, ayant toûjours quelque choſe à me dire ; & ſi ſa Fauorite qui mouroit d'enuie de dormir, ne fut point venuë nous auertir qu'il eſtoit bien tard, le iour nous auroit pris enſemble.

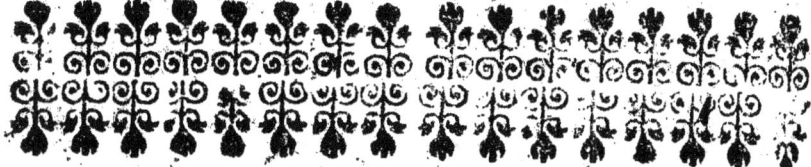

LE SEIOVR QVE FIT le Page disgracié en la maison de sa Maistresse, & quelle estoit l'habilité de sa Fauorite.

CHAPITRE XXXVI.

EN suite de cette heureuse nuict i'en eus beaucoup d'autres agreables, sans auoir aucune inquietude, fors celles que me donnoit la grandeur de ma felicité, & l'impatience où i'estois d'apprendre des nouuelles de mon Philosophe, qui me sembloit si necessaire à faire reüssir mes amoureuses entreprises. Lors que nous fusmes arriuez en cette belle demeure, où nous deuions sejourner trois ou quatre mois, nous eusmes plus de liberté de nous voir, & de nous parler, que lors que nous estions à la ville. Ma Maistresse disoit à sa mere qu'elle auoit peur de deuenir trop grasse, & pour ne tomber point dans cette incommodité dont elle feignoit estre menacée, elle faisoit habitude de s'aller promener dés le matin dans vn grand verger qui s'estendoit en terrasse sur les bords d'vne petite riuiere. J'estois tousiours appellé pour l'accompagner en cet exercice, tant pour l'ayder à marcher, que pour la diuertir tandis qu'elle se promenoit. Sa Fauorite sçauoit fort bien les sentimens que sa Maistresse auoit pour moy, & ie n'auois point feint de luy dire confidemment que i'estois de fort bonne naissance, que i'auois esté nourry parmy des Princes, & que ma fortune n'estoit point si mauuaise, que ie ne luy peusse bien donner dix mille escus, auant qu'il fut cinq ou six mois, sans que cela m'incommodast, ou que ie fisse vn grand effort, & ie crois ces choses-là si veritables que ie ne l'en asseurois pas foiblement.

Ces fausses images qu'elle receut, comme ie me les estois imprimées, la rendirent fort facile à m'obliger, & à me seruir. Cela fut cause en partie qu'elle se dispensoit souuent de venir seruir de tiers, où elle voyoit que nous serions bien aises de n'estre que deux. Et lors que nous nous estions esgarez bien auant dans ce grand iardin, où il y auoit du bois fort touffu, cette adroite fille tournoit quelquefois la teste vers quelque grand arbre, dont elle estoit vn assez long-temps à considerer la beauté pour me donner la hardiesse & le loisir de receuoir quelque faueur de ma Maistresse.

Vne autre fois que nous estions assis sur l'herbe auprés d'vne fontaine fort solitaire, & qui estoit au centre d'vn petit dedale, elle faisoit semblant de s'endormir au bruit de l'eau, & c'estoit pour n'étre point suspecte à deux personnes bien éueillées. S'il arriuoit quelquefois que ma Maistresse voulut jouër à vne election de seruiteurs, qui se fait par sort auec des brins d'herbe, elle faisoit tousiours que i'estois pris pour le mieux aymé, & quand ma Maistresse rougissoit, & faisoit semblant qu'elle trouuoit mauuais qu'elle m'eut proposé entre ses galans, cette spirituelle Confidente ne s'en excusoit que mollement, & disoit pour raison que i'estois vn Estranger, dont on ignoroit ma naissance, & qu'elle auoit vn certain soupçon que ie valois bien des Seigneurs, dont on faisoit beaucoup d'eſtime. Ainſi mon Amour en voguant auoit le vent, & la marée, & ie voyois deſia le port, lors qu'il s'éleua des vents contraires, qui me firent perdre ma route, & me porterent ſur des eſcueils, où ie faillis à faire naufrage.

DISGRACIÉ. 249

*LE PROCEDÉ QV'EVT
le Page disgracié avec l'Escuyer de
la maison.*

CHAPITRE XXXVII.

IL y auoit desia huict iours que nous nous estions establis dans cette maison enchantée, sans que i'eusse receu aucunes nouuelles de Londres, & rien ne troubloit la douceur de mes songes que l'importun desir que i'auois de reuoir mon Philosophe Chimique, qui, ce me semble, estoit tel en effet que ces chimeriques esprits, qu'on a surnommez Rose Croix, se sont insolemment vantez d'estre. La Fauorite de ma Maistresse m'estoit venu voir vn matin comme ie m'habillois en ma

L v

chambre, & faisant semblant qu'elle vouloit voir quelque chose dans vn de mes coffres, elle y mit vne bourse de peau d'Espagne, où il y auoit cent Iacobus, qu'elle m'apportoit de cette façon par le commandement de sa Maistresse. Ie crus qu'il ne seroit point mal à propos d'employer vne partie de cet argent à m'asseurer parfaitement de la prompte arriuée de mon homme. Ie fis perquisition pour cet effet d'vn messager qui fut propre, & i'en trouuay bien-tost vn assez intelligent & bien fidele, c'estoit vn homme marié, mais qui auoit voyagé toute sa vie, & qui n'eut pas de peine à quitter sa femme & enfans pour me seruir, voyant que ie luy donnois d'abord vingt liures sterlins, & que ie le deffrayois encore durant son voyage & le seiour qu'il feroit à Londres. Il me promit qu'il se logetoit auprés du Marchand chez qui le Philosophe deuoit prendre son logis, & qu'il en vseroit si bien faisant connoissance auec quelqu'vn de ses domestiques, qu'il seroit aduerty des premiers de l'arriuée de cet Estranger. Le temps qu'il deuoit attendre à Londres estoit l'espace de huict iours, mais ie m'auisay de luy mander par vn autre messager qui s'en alloit au mesme lieu, qu'il fust plustost là quinze iours, que de reuenir sans m'apporter des nouuelles asseurées de l'homme que ie demandois.

L'esperance que i'auois de ce costé là m'auoit tellement enflé de vanité, que ie ne me connoissois plus moy-mesme, & ie m'estois mis si auant dans l'esprit que i'allois deuenir grand Seigneur, que ie ne viuois plus comme vn Page disgracié. I'estois deuenu beaucoup plus long à m'habiller qu'à l'ordinaire, affectant ridiculement vne propreté qui ne m'estoit point naturelle. Ie portois tant de plumes au tour de mon chapeau, qu'il sembloit que ce fut vne capeline. Ie marchois d'vn pas aussi graue que si i'eusse esté quelque Senateur, & tirois souuent ma main de mon gand, comme pour toucher à mes cheueux, & c'estoit seulement pour faire voir qu'elle estoit belle, ou pour faire montre d'vn beau diamant que m'auoit donné ma Maistresse. Cette sotte vanité m'eut rendu tout à fait insuportable à tous ceux de nostre maison, n'eut esté qu'elle estoit accompagnée d'vne humeur assez franche & liberale; il n'y auoit pas vn domestique qui m'eut fait quelque plaisir en vain, & ie seruois auec chaleur dans les occasions qui se presentoient ceux qui m'auoient traité seulement auec

DISGRACIE'. 253

quelque ciuilité. Vous allez entendre comme il est quelquefois auantageux d'auoir de bonnes qualitez parmy de mauuaises, & que ce n'est pas vn Art inutile que celuy de se faire aymer.

Vn matin que ma Maistresse dormoit encore, & que sa Confidente n'estoit point sortie de sa Chambre, i'allay me promener en resuant dans vne prairie que l'on void au pied du Chasteau, & d'auanture les seruiteurs du logis auec l'Escuyer jaloux y joüoient au balon en partie, ie croy que leur jeu n'estoit pas de grande consequence, mais l'Escuyer prit au criminel vne action que ie fis sans y penser ; c'est que le balon venant à moy, qui pensois profondement à autre chose, ie le repoussay d'vn coup de pied, & luy fis par là perdre vne chasse ; il vint à moy pasle de colere, & me regardant auec des yeux pleins de furie, me fit vn grand discours où ie n'entendois que fort peu de mots. Ie luy respondis à tout cela que ie ne pensois pas à luy nuire, ny à le seruir, encore que i'eusse plus de sujet de faire l'vn que de me porter à l'autre, & là dessus ie le laissay faire ses imprecations & ses murmures. I'auois desia perdu le souuenir de cette mauuaise humeur, & me promenant derriere vne saulsaye, qui estoit assez éloignée des joüeurs de balon, ie m'estois remis dans le train de mes premieres réueries : lors que j'entendis la voix d'vn homme qui m'appelloit de toute sa force, ie me retournay pour le voir, & reconnus que c'estoit vn jeune Officier de ma Maistresse, qui me venoit auertir d'vne partie qui estoit faite pour me tuër ; l'Irlandois qui me seruoit, arriua aussi-tost auprés de moy, qui me confirma le mesme aûis, & me preſſa de remonter dans le Chaſteau, de peur qu'il ne m'arriuaſt quelque diſgrace. Mais comme la jeuneſſe a le ſang boüillant, & donne ordinairement à l'eſperance, plus qu'à la crainte; ie ne voulus point me retirer, de peur que l'Eſcuyer ne priſt auantage de ma retraite; encore qu'il vint à moy le plus fort. Et ie fis paroiſtre vne reſolution ſi ferme à ceux qui me conſeilloient la fuite, qu'ils ſe reſolurent à meſme temps à mourir auec moy, pluſtoſt que de ſouffrir qu'on m'aſſaſſinaſt. Sur ce temps l'Eſcuyer parut accompagné de quatre domeſtiques de ſa cabale, & leur criant en ſa langue main baſſe au François, vint à moy l'eſpée à la main, les deux garçons qui me vouloient ſeruir, me voyant aller à luy auec aſſez de hardieſſe, s'oppoſerent aux autres, en faiſant grand bruit; pour moy qui ne manquois pas de disposition & d'adresse, & qui me sentois le cœur enflé de ie ne sçay quelle enuie de bien faire en cette occasion, afin que cette action respondist à la bonne estime que l'on auoit conceuë de moy, ie serray mon homme de prés. Le lâche dessein qu'il auoit fait de me prendre auec auantage, me rendra moins suspect de vanité, si ie dis qu'il lafcha le pied deuant moy, ne se voyant pas assisté de ses compagnons au poinct qu'il se l'étoit promis. Par mal-heur pour luy il reculoit toûjours vers le bord de la riuiere qui estoit proche, & ie le pressay si fort qu'il y tomba de son haut; à l'instant de sa cheute ie tournay teste vers les autres qui estoient aux mains ensemble, mais qui se batoient de sorte qu'il n'y auoit gueres d'apparence qu'ils se voulussent faire beaucoup de mal. Ils se touchoient à peine la pointe de leurs espées, parlans sans cesse de part & d'autre, comme s'ils n'eussent voulu combatre que de raisons, & lors qu'ils me virent tout seul reuenir à eux, les quatre satelites de l'Escuyer auoient refroidy leur chaleur. I'appellay mon Irlandois, & luy commanday d'auertir promptement ces meschans là, que l'homme qui les auoit employez couroit fortune de sa vie, s'il n'estoit bien-tost secouru, & qu'il s'estoit laissé choir dans l'eau. A cette nouuelle tous coururent vers l'endroit où l'Escuyer estoit tombé, pour l'aider à se sauuer, & moy ie remontay au Chasteau pour me faire panser d'vn doigt où ie m'estois vn peu blessé, en allant à la parade de son espée de la main gauche. Tout le Chasteau estoit desia auerty qu'il y auoit des épées tirées dans la prairie, & que i'y estois meslé, quelqu'vn nous ayant aperceu par les fenestres, si bien qu'en entrant dans la court ie rencontray la plus grande part des domestiques qui couroient voir ce que c'estoit. Parmy cette foule, la Fauorite de ma Maistresse s'auançoit aussi coëffée de nuict, auec deux autres Demoiselles, pour empescher ce grand desorde; & lors qu'elle vid que ie n'estois blessé qu'à la main, & qu'elle se fut vn peu remise de ce trouble; elle m'obligea de venir dans l'antichambre de ma Maistresse, afin que ie fusse en lieu de respect, iusqu'à ce que cette émotion de gens mutins fust appaisée; me disant toutefois pour pretexte, qu'elle auoit d'vn baume excellent, qu'il falloit mettre sur mon doigt blessé. Ie ne fus pas si-tost arriué en ce doux Azile, que ma Maistresse auertie de cet accident, sortit en peignoir pour me voir, & pour apprendre comme la chose s'estoit passée ; ce que ie luy contay en peu de mots, & comme l'action de l'Escuyer luy sembla mauuaise, la mienne luy parut toute heroïque. Elle me dit des choses en particulier, sur l'effroy qui l'auoit saisie à ma consideration, qui ne m'estoient pas peu fauorables ; pour monstrer combien mon salut luy estoit cher. Elle fit depuis venir en sa chambre l'Officier qui m'auoit seruy, & luy donna vingt Iacobus de fort bonne grace auec des marques de son estime, qui le deuoient encore plus obliger ; mon Irlandois mesme vid sa fidelité recompensée d'vn autre present qu'on luy porta de cette part, & quoy que l'on prist quelque soin pour rendre cela secret, toute la maison en fut auertie. Cependant il vint des nouuelles de l'Escuyer à vne demie-heure delà, & ma Maistresse sceut qu'estant tombé à la renuerse dans la riuiere, il auoit laissé aller son espée, & s'estoit sauué à la nage à l'autre bord ; que ceux qui l'estoient allé querir auec le bateau, & qui l'auoient obserué en le repassant, ne l'auoient trouué blessé que d'vn coup de pointe au visage : mais qu'il estoit tellement stupefié de la confusion de son lasche procedé, qu'il en auoit quasi perdu la parole. Les mauuaises actions portent leur degoust dés qu'elles sont executées, comme les vins gastez ont leur déboire : & pour les ames que la quantité des crimes n'a point encore endurcies, & qui sont capables de quelque raisonnement, il n'y a gueres de plus grands supplices des fautes qu'elles commettent que leurs remords propres.

Apres que ma Maistresse se fut

habillée, elle me donna la main pour décendre en l'apartement de sa mere à qui elle me presenta, comme vne personne qui luy estoit fort necessaire, & dont elle faisoit estime, exagerant fort la malicieuse enuie que son Ecuyer auoit conceuë contre vn jeune garçon Estranger, qui n'auoit point d'autre support que le leur, & qui n'estoit ainsi mal voulu qu'à cause de son trop de merite, & de l'honneste lieu, qu'il auoit en leurs communes bonnes graces. La bonne Dame à ce discours entra bien auant dans les sentimens de sa fille. Sur tout, elle trouua fort mauuais que des gens d'vne nation si superbe, & qui paroist naturellemét braue, eussent fait vne supercherie honteuse à vn Estanger, viuant auec eux. Et lors qu'elle se mit à table elle fit appeller l'Escuyer & ceux de sa cabale pour les en blasmer en presence de toute sa maison, & comme l'Escuyer apres auoir essayé de s'excuser deuant la mere me donnant le tort de cette querelle, & qu'il en voulut aussi dire quelque chose à ma Maistresse, elle ne luy permit pas de parler, & luy dit en le regardant d'vne façon mesprisante. *Il vous a bien seruy de sçauoir nâger*, ce qui luy fut vne attainte plus dangereuse que la blessure que ie luy auois faite, & qu'il ne me pardonna iamais.

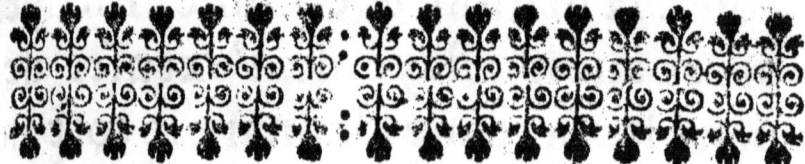

DES FELICITEZ NOVVELLES du Page disgracié, & du sage auis qu'on luy donna.

CHAPITRE XXXVIII.

C'Estoit au temps que le Soleil entre au Lion, & que l'ardente Canicule qui l'accompagne, produit vne bruslante chaleur; il est naturel à tout le monde en cette saison d'aymer la fraicheur, mais il est ordinaire aux femmes de condition & qui sont d'vne complexion delicate, de la rechercher curieusement. Ma Maistresse qui estoit de celles là, & qui n'estoit iamais contredite en rien par sa mere, s'auisa de passer alors les nuicts delicieusement. Il y

auoit dans son iardin vne grotte assez spacieuse, qu'elle choisit pour en
faire vn apartement. Elle y fit dresser vn beau lict, dont le tour agreable & leger estoit de gaze rehaussée
d'or, auec son chiffre couronné de
myrthe & de roses, on y porta encore
le reste de cet ameublement, excepté la tapisserie, qui ne se pouuoit
ajuster à des parois faites de coquilles en figures de personnages, qui
respandoient tousiours de l'eau dans
de larges coquilles de marbre.

Ce fut en ce lieu delicieux que
cette Belle s'establit pour passer
agreablement les nuicts, & la plus
grande partie des iours. Sa Fauorite
& deux autres Demoiselles, y eurent
aussi pour elles vn grand lict caché
dans vn refondrement de la grotte,
& ie receus le commandement de
faire la charge d'Huissier du iardin,
& de n'y laisser entrer personne ; ce
qui

DISGRACIE.

qui m'attira de plus en plus l'enuie & la haine de l'Escuyer, & de tous ceux qui estoient joints d'amitié auec luy. Ma Maistresse auoit fait apporter en ce beau lieu quantité de liures diuertissans, qu'on voyoit au tour de son lict sur des tablettes suspenduës, mais ils ne luy seruoient gueres que de pretexte pour se pouuoir entretenir particulierement auec moy. Si ce n'estoit que sa mere qui venoit parfois la visiter dans cette fraische demeure, me commandast de la desennuyer en lisant quelque bel endroit de l'Histoire.

Mais cela n'arriuoit que rarement, & tous les iours dés que ma Maistresse estoit visible, iusqu'à ce qu'elle eust enuie de dormir nous nous entretenions de nostre amour, ou nous nous diuertissions à mille petits jeux de son inuention, ou de la

M

mienne. Elle donnoit presque toûjours des commissions pour aller au chasteau à ses deux autres Demoiselles, mais pour sa Fauorite elle ne sortoit guere d'auprés d'elle. Si parfois elle sortoit de la grotte, c'estoit pour trauailler à des ouurages à l'entrée où le iour estoit plus grand, & ma Maistresse auoit quelquefois la malice de pousser vne porte de fer à iour qui fermoit la grote, & de tourner à mesme temps vn robinet qui faisoit joüer vn parterre d'eau sur cette entrée, si bien que la Fauorite ne pouuant r'entrer estoit contrainte de s'enfuir dans le iardin, iusqu'à ce que ce petit orage fust cessé. Elle s'auisa bien de ces petits stratagémes, mais comme elle auoit l'esprit fort adroit, & qu'elle craignoit extrémement de choquer les sentimens de sa Maistresse, elle feignoit de les ignorer. Les grands ne veulent pas bien souuent qu'on fasse l'habile auprés d'eux, lors qu'vne trop grande penetration dans leurs secrets leur est incommode, & c'est quelquefois vne grande adresse, que de leur tesmoigner vne stupide ignorance. Cependant estant vne fois r'entrée dans la grotte, & trouuant ma Maistresse couchée sur son lict, la main estenduë sur son visage, & en l'action d'vne personne qui s'abandône au sommeil, elle soupçonna que ce fut vn artifice pour luy cacher quelque émotion, qui pouuoit paroistre sur son teint. Et craignant de nous quelque chose qu'elle ne me declara point, elle me dit seulement à l'oreille en passant auprés de moy, *Ariston il faut estre sage*; ces mots me furent dits d'vn air capable de leur donner du poids, mais ie n'étois pas d'vne humeur ny d'vn aage

M ij

à balancer aucune chose, mon propre desir me dictoit les conseils que ie voulois suiure, & i'estois arriué dans vn si grande erreur, que ie tenois toutes les choses agreables pour estre permises.

LES GENEROSITEZ
amoureuses de la Maistresse
du Page.

Chapitre XXXIX.

Ainsi ie viuois plus heureux dans ma seruitude, que les plus grands Potentats ne font dans leur souueraine authorité; ie contemplois douze ou quatorze heures par iour vne des charmantes personnes du monde dans vne demeure enchantée, & ie me voyois beaucoup aymé de ce que ie voyois icy bas de plus aymable. Dans cette molle volupté, où ie n'auois presque rien à desirer, sinon qu'elle fut de longue durée, i'estois quelque-

M iij

fois réueillé de ce pareffeux fommeil, par le foin piquant & vif de r'acofter mon Philofophe; c'eftoit le folide plege, & le feur garant des promeffes que i'auois faites à ma Maiftreffe par amour ou par vanité: & ie voyois fort bien que fi cet homme me manquoit, ie luy pafferois pour vn impofteur deteftable. Les Amans ne fe celent rien, car la mefme paffion qui leur ouure le cœur, leur delie ordinairement la langue : i'auois toûjours efperé que mon Artefius me viendroit trouuer à Londres, comme il s'y eftoit engagé en me quitant auec fermens inuiolables, & fur cette efperance i'auois promis à ma Maiftreffe des tonneaux de perles, & de toutes fortes de meubles d'or. Elle auoit vn iour voulu aprofondir dauantage dans ce fecret, & pour me rendre plus confiderable auprés d'elle, ie luy auois dit que cet excellent perſonnage qui ſçauoit operer ces petits miracles, eſtoit vn vieux Precepteur mon ſeruiteur domeſtique, qui m'aymoit extrémement, & qui ne manqueroit pas de me venir bien-toſt trouuer, & de me faire tenir de quoy me mettre en vn ſuperbe equipage.

De plus, qu'il m'apporteroit aſſeurement vne petite boite pleine de bouteilles d'eaux, & de poudres ſi precieuſes, que ie ne les donnerois pas pour toute l'Iſle. Sur tout, ie luy auois parlé de la vertu de l'huile de Talc, qu'elle attendoit auec vne étrange impatience, & pour laquelle ce bel Objet ſe ſeroit poſſible donné luy-meſme. Vne apres diſnée que ma Maiſtreſſe reuenoit auec ſa Fauorite de l'appartement de ſa mere, elle me ſurprit comme i'eſtois appuyé contre vn arbre du jardin, dans vne profonde resuerie, elle m'en retira doucement: & ne laissa pas de faire plusieurs reflections, sur cette humeur melancholique. A quelques heures de là, elle prit son temps comme sa Fauorite trauailloit à quelque lassis à l'ouuerture de la grote, & me demanda ce qui me pouuoit faire entrer dans le chagrin, auquel elle m'auoit n'aguere surpris; ie ne luy celay pas que c'estoit l'apprehension que i'auois qu'il fust arriué quelque accident à mon Precepteur, qui ne deuoit pas tarder si long-temps à me venir chercher à Londres. Et i'ajoustay à cela que s'il faloit que ce personnage fust mort par quelque mal-heur, ie ne serois pas consolable de cette perte, quand on me donneroit vn million d'or. Cette genereuse fille me répondit là dessus que ie sçauois fort bien quelle estoit la fragilité des choses du monde, & le peu d'asseurance qu'on deuoit establir sur la vie des hommes, qu'elle participeroit à mon desplaisir, si mon Precepteur s'estoit perdu, mais que ce seroit pour ma seule consideration que ce mal-heur luy seroit sensible, & non pas pour son interest. Qu'elle estoit née assez grande Dame, & se trouuoit assez riche des biens paternels pour viure toûjours en personne de qualité, & que ne m'ayant iamais consideré pour mon bien, elle ne changeroit pas de sentimens pour moy, quand ie n'aurois aucune richesse. Qu'au contraire elle auroit le contentement dans mes disgraces, de me faire mieux connoistre sa franchise, & la pureté de son affection desinteressée, ayant lieu de me pouuoir partager sa fortune, apres m'auoir donné son cœur. Que ce à quoy elle auroit le plus de regret si mes precieuses essences estoient perduës, ce seroit à cette huile de Talc si merueilleuse, qui deuoit embellir son teint, mais qu'il me seroit facile de l'en consoler, pourueu que ie la trouuasse assez aymable. Si ces tendres & genereuses expressions d'vne veritable amour me toucherent, vous pourrez aisement vous l'imaginer, cher Thirinte, & si i'eus lors quelque moyen de pouuoir retenir mes larmes. Ie tombay à l'instant aux pieds de ma belle Maistresse, & les arrosay de mes pleurs en les embrassant ; mais elle me força bien-tost de me releuer en m'embrassant estroitement elle-mesme, & nous demeurâmes apres long-temps nos visages colez ensemble auec l'eau de nos larmes. La Fauorite r'entrant dans la grotte, nous vint separer ; & pour n'estre pas veus

DISGRACIE'. 227

en cet estat, nous nous retirasmes dans l'obscurité prés d'vne fontaine où ma Maistresse feignit de se jouër à me jetter de l'eau au visage, & c'estoit pour empescher que sa Confidente ne s'apperceust pas que i'eusse pleuré.

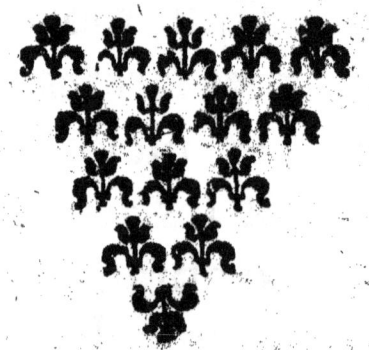

DE L'ORDRE QVE LE PAGE disgracié donna pour auoir des nouuelles du Philosophe, & comme il fut empoisonné dans vne omelette sucrée.

CHAPITRE XL.

A Quelques iours delà, ie receus vn paquet de Londres, & celuy à qui i'auois donné charge de me venir auertir, quand l'Estranger que ie luy auois dépeint viendroit décendre chez le Marchand, fit par cette voye le premier acte de ses diligences. Il me manda, que le principal Maistre de la maison s'en estoit allé à Plemout, pour y faire voile sur vn de ses vaisseaux, & tirer vers la nouuelle France, où il y auoit des habitations Angloises : mais que son parent estoit demeuré à Londres pour prendre garde à son commerce, qu'il auoit trouué des personnes de sa connoissance qui luy rendroient bien tost de bons offices selon mon souhait, de sorte qu'il esperoit dés le lendemain que le Facteur leur donneroit à disner chez luy. Tellement que ce seroit vn moyen pour ne manquer pas nostre homme, en cas qu'il y vint loger ; de plus que s'estant trouué en la compagnie de quelques domestiques de la tante de ma Maîtresse, il auoit veu vn Page qui l'auoit fort prié de me faire tenir vne lettre enfermée auec la sienne dans le paquet qu'il m'enuoyoit. Tout cela ne me plut gueres, i'eus apprehension que mon messager ne parlast de moy à ce Facteur, & qu'il ne ruinast toute l'affaire, quand il apprendroit à ce jaloux violent quelque subjet de se vanger d'vn tort qu'il n'auoit point receu. Cependant i'ouuris la lettre qu'on m'enuoyoit de la part de la cousine de ma Maistresse, & trouuay dedans ce qui suit.

Ingrat Estranger,

JE vous ay declaré trop clairement ma bien-veillance, pour ne receuoir de vous que des Enigmes au lieu de responses. Si ie vous auois aymé pour vôtre visage, vous auriez pû mespriser mon affection, & la soupçonner d'estre brutale, mais puisque ce fut vostre esprit qui fit naistre ma bonne volonté, vous la pouuiez considerer comme vne flamme toute pure. Et quelque imagination que vous en eussiez, vous en deuiez vser auec la ciuilité, que tous le honnestes gens rendent à mon sexe. Essayez d'ou-

blier mon erreur, de mesme que j'oublie la vostre, & vous asseurez, que si vous perdez le respect, qui m'est deû, vous me donnerez occasion de vous faire perdre la vie.

Cette lettre me piqua sensiblement, & ie reconnus à la honte qu'elle me fit, que ie deuois estre moins complaisant aux sentimens de ma Maistresse de ce costé-la, puisque ie n'en pouuois vser de cette façon sans m'attirer de iustes reproches. Ie supprimay soudain cet authentique tesmoignage de ma procedure inciuile, & ne dis rien qu'vne partie de ce qu'il y auoit dans la lettre du messager, à ma Maistresse, luy faisant accroire que ie l'auois déchirée en cent morceaux, de dépit que i'auois eu de n'y trouuer point de bonnes nouuelles. Cependant ie fus toute l'apresdinée melancholique, & ma Maistresse donnant ordre qu'on luy apportast la collation, commanda qu'il y eust entr'autres choses vne omelette au sucre, sçachant que ie les aymois; & sans doute la Demoiselle qui eut cette charge, fit trop paroistre que ce plat estoit pour moy seul. Les Demoiselles de ma Maistresse furent les Officiers qui mirent le couuert sur vne table de marbre posée au milieu de la grote, où nous eusmes huict ou dix plats de fruict ou de pastisserie, sans oublier cette omelette au sucre qui meritoit bien d'estre oubliée. Ma Maistresse dit tout haut en riant de la meilleure grace du monde, qu'il falloit faire vne petite debauche, & qu'elle estoit en trop belle humeur pour vouloir soufrir que ma melancholie me durast. Que i'estois suspect d'estre sujet au mal de rate, & qu'elle vouloit que ie noyasse ma rate dans de l'excellente biere en beuuant à sa santé. Sa Fauorite qui estoit veritablement sujete à ce mal, & qui beuuoit par l'auis de son Medecin dans vn petit baril de bois de Tamarin, s'offrit à me donner à boire dans cette machine. Ainsi nôtre secrette débauche commença auec joye, mais elle ne finit pas de mesme façon. A peine eus-je mangé tant soit peu du mets qu'on auoit appresté pour moy, que ie trouuay sa douceur cuisante: il s'alluma par cet aliment vn grand feu dans ma gorge & dans mon estomac, que ie ne sceus iamais esteindre en beuuant, & ie me trouuay fort mal, quoy que ie me chargeasse à tous coups de la santé de ma Maistresse. Cependant rien ne m'estoit suspect en ce banquet, & ie ne pouuois m'imaginer qu'on voulût rien produire de mauuais en vne si bonne compagnie : mais il y eut vn petit accident qui fit connoiſtre mieux la choſe. Ma Maiſtreſſe auoit ſur ſa iuppe vne petite chienne fort jolie, & qu'elle appelloit ſa mignonne, à qui elle donna de mon omelette, & cette ſorte de viande fut vn peu rude à cette mignonne; car elle en mourut incontinent apres dans le giron de ſa Maiſtreſſe. Cet accident nous allarma tous, & moy particulierement qui dis tout bas à la Fauorite ma confidente, que i'en tenois abſolument, & que c'eſtoit vne nouuelle procedure de mes ennemis : mais elle ſans ſonger à la conſequence de ce ſecret le dit tout à l'heure à ma Maiſtreſſe, & ce fut vne ſeconde emotion, qui luy fit oublier la premiere. La plus preſſāte choſe à quoy il fallut penſer, ce fut à recourir aux remedes, qui n'eſtoient pas trop éloignez, puis que ie les portois ſur moy, ayant encore enuiron trois ou quatre grains de cette poudre qui m'auoit garanty du premier empoisonnement. Lors que i'eus asseuré ma vie auec ce souuerain antidote, dont il ne me resta plus rien, ma Maistresse tint conseil auec sa Fauorite pour prendre les resolutions necessaires pour descouurir & faire punir exemplairement vn si detestable attentat, dont elle s'imaginoit bien connoistre l'autheur & les complices. Il y auoit vn certain cuisinier au logis qui leur estoit suspect, pource qu'il estoit de la mesme Prouince de l'Escuyer, & s'estoit declaré de ses amis au desordre qui estoit arriué dans la prairie. Il fut resolu de l'accuser, & de le faire saisir au mesme temps que l'Escuyer, si la mere de ma Maistresse le trouuoit bon: mais pource que cet éclat estoit vn peu chatoüilleux, il fut besoin

de concerter en quels termes l'on feroit la plainte à la mere, qui eſtoit
vne femme graue & iudicieuſe, &
qu'on auroit de la peine à faire agir
auec violence.

DISGRACIE'.

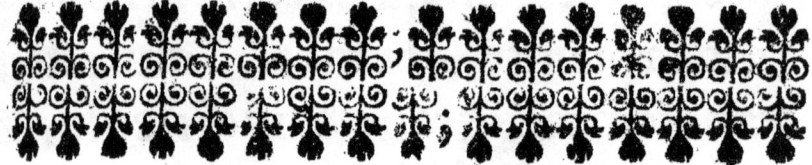

COMME LE PAGE disgracié faillit d'estre assassiné dans sa chambre, & de la prison où il fut renfermé.

CHAPITRE XLI.

MA belle Maistresse toute troublée de cet accident, me commanda de me retirer en ma chambre en attendant de ses nouuelles, & toute en larmes s'en alla trouuer sa mere accompagnée de sa Fauorite, portant dans son mouchoir sa mignonne morte. Ie ne sçay pas quelle fut leur harangue, mais ie sçay bien qu'elle produisit vn grand tumulte dans la maison. A quelque temps de là mon Irlandois me vint trouuer dans ma chambre tout esmeu, & fermant la porte sur luy, m'auertit que ie prisse garde à moy, & que l'on parloit en bas de me perdre sur le champ, & me dit ces paroles en bandant & amorçant vn pistolet qu'il mit sur la table pour ma deffence. Ie me trouuay fort estonné de cette nouuelle, à laquelle ie ne m'attendois pas, & beaucoup plus de n'en receuoir point de ma Maîtresse, qui m'en auoit fait esperer: & comme ie m'informay particulierement à l'Irlandois de ce qu'il auoit ouy dire de moy, i'appris que sur le bruit de la mort de la petite chienne empoisonnée, l'Escuyer & ceux de son intelligence faisoient vne esmeute dans le logis, disant qu'il n'y auoit point de doute que c'estoit moy qui voulant empoisonner leur Maistresse, auois fait mourir sa mignonne, & qu'il n'y auoit point d'apparence que cela pût venir d'vn autre. Que tous les autres domestiques estoient sujets fideles & affectionnez à la maison, qui n'auroient iamais eu la méchanceté d'en vouloir faire perir l'vnique heritiere, & que ie pourrois bien auoir esté pratiqué par quelques personnes qui auoient interest à cette mort. Ces particularités me troublerent fort, ie les trouuay fondées en pretexte, si elles ne l'estoient en raison, & comme ie meditois sur ce que i'auois à faire, il s'éleua vn certain bruit dans la court qui me fit mettre la teste à la fenestre, & ie vis dix ou douze domestiques en bas armez d'espées & de broches, qui s'encourageoient les vns les autres pour venir enfoncer ma porte. Ie ne perdis point le iugement en cette occasion, & faisant entendre à mon valet qu'il en falloit aller auertir promptement ma Maistresse ou sa Fauorite, ie le mis aussi-tost hors de ma chambre, & fermant la porte sur moy, ie me barricaday le mieux qu'il me fut possible. Ceux que i'auois apperceus en bas, ne tarderent gueres à monter l'escalier, mais ils auoient pris conseil en marchant d'essayer à me prendre sans faire bruit: tellement qu'estans venus à ma porte, ils y frapperent tout doucement, & moy, qui connus leur artifice, & qui ne demandois qu'à gagner du temps, ie demeuray dans le silence. Ils tinrent de nouueaux conseils là dessus, qu'il ne me fut pas possible d'entendre, pource qu'ils parloient assez bas, & que c'estoit toûjours en Anglois. Enfin vn certain domestique qui escorchoit vn peu le François frappa plus fort à la porte que l'on n'auoit encore fait, & m'appellant par mon nom, me

dit

dit que j'ouurisse de la part de Madame, & de sa fille, & que si ie n'ouurois promptement ils alloient enfoncer la porte. La colere dont ie fus saisi à ce discours, faillit à estre cause de ma perte, & ie fus sur le poinct de retirer vn coffre que j'auois traisné contre la porte pour l'ouurir, & me jetter l'espée à la main sur cette canaille; mais ie pris vn meilleur auis, & qui me fut sans doute plus salutaire: j'ouurris ma fenestre en menaçant hautement ces coquins, & tiray le pistolet que ie tenois sur les regards d'vn vestibule, où ils s'estoient tous assemblez. Le coup ne blessa personne, mais il fit assez de bruit, pour allarmer toute la maison, & rendre chacun aduerty du mauuais tour qu'on me vouloit faire. Cette audace anima mes ennemis, & si la porte de ma chambre n'eût esté bonne, elle eut esté bien-tost enfoncée tant ils y donnerent de coups de pieds, & ie rechargeois mon pistolet, pour en attendre l'ouuerture auec quelque sorte de satisfaction, lors que tout à coup ie les entendis descendre les degrez de toute leur force, & bien-tost aprés i'ouis la voix de ma Maistresse, qui parloit à sa mere sur ce desordre. Ie ne m'étois point barricadé si promptement que i'essaiay d'ouurir ma porte dés que cet agreable bruit eut passé iusqu'à mon oreille. Si-tost que ma Maistresse m'appella, i'ouuris en luy respondant, & me iettay aux pieds de sa mere pour luy demander iustice. La bonne Dame me respondit sans s'esmoüuoir beaucoup, qu'il la falloit faire à tout le monde, & s'étant assise dans vn fauteuil, me demanda quelle estoit la cause de ce tumulte; ie luy dis là-dessus tout ce que mon Irlandois m'en auoit appris, qu'elle interrogea elle mesme, & ma Maistresse vouloit toûjours parler sur ce sujet, mais sa mere qui tenoit ce qu'elle disoit pour suspect dans cette grande emotion, luy imposoit toûjours le silence. Aprés ces interrogations, la bonne femme me fit passer en son appartement auec elle, & commanda qu'on me fit dresser vn lict dans vn cabinet de son antichambre, afin que i'y peusse estre en seureté, en attendant qu'elle eut donné ordre à cette sedition tumultueuse. Mon Irlandois fit porter mes coffres dans ce cabinet, & ie receus vn commandemét de la part de ma Maistresse, de n'en sortir pour aucune occasion que ce fust, tellement que si ie ne fus assassiné dans cette auanture, i'y fus au moins fait prisonnier, & dans vn lieu assez estroit.

COMME LA MERE DE LA
Maistresse du Page disgracié agit
contre luy, au lieu de trauailler à
faire punir ses assassins.

Chapitre XLII.

IL estoit onze heures du soir que ie veillois encore, resuant sur la fortune que i'auois couruë : lors que mon Irlandois vint gratter tout doucement à ma porte; ie l'entr'ouuris aussi-tost, & pris de sa main vn billet où ie vis qu'il y auoit ainsi.

On tient vn conseil secret où ma Maîtresse & moy sommes suspects de vouloir vous fauoriser. C'est pourquoy l'on nous en cache vne grande partie, cependant vos amis vous seruiront, quand il iroit de *leur vie, asseurez-vous en, & vous deffaites promptement & adroitement de toutes les choses qui vous pourroient nuire, si l'on venoit à vous visiter.*

Ie reconnus d'abord ce billet, pour venir de la part de la Fauorite de ma Maistresse, & bien que l'orthographe en fut tout à fait étrange, j'eus bien-tost déchiffré ce qu'il y auoit de plus essentiel dedans ; ie deuinay incontinent que ce qu'il falloit oster auec adresse, & qui causeroit du scandale, s'il arriuoit que i'en fusse saisi, c'estoit la boëte de Portrait, le brasselet de cheueux, & les bijous que m'auoit donnez ma Maîtresse. I'ostay aussi-tost le Portrait que j'auois sur moy, & prenant vn petit coffre d'acier où estoient quelques Iacobus, & le reste de ces bagatelles ; ie mis le Portrait auec cela, & enueloppay le petit coffre d'vne chemise de mon valet, qui fut bien liée tout alentour, puis donnay l'ordre à mon Irlandois dont la fidelité m'estoit connuë, qu'il allast porter ce paquet au bout d'vne certaine galerie qui respondoit sur le fossé, & qu'il jettast par là le paquet, en prenant garde auparauant qu'il ne fust entendu de personne ; & qu'il ne dormist gueres cette nuict, afin qu'à la pointe du iour il trouuast moyen de sortir & d'aller enterrer ce depost en quelque lieu bien écarté. Ce fidele seruiteur comprit fort bien toutes ces choses, & de quelle importance elles estoient, & me donnant le bon soir en pleurant, m'asseura qu'il en feroit bien son deuoir : il me dit aussi deuant que de se separer de moy, qu'il y auoit beaucoup d'Estrangers au logis qui estoient assemblez dans la chambre de la mere de ma Maistresse, & que

DISGRACIE'. 295

l'Ecuyer, le Cuisinier & deux autres de leur cabale y estoient aussi. Ce qui me mit fort en inquietude, puis que ie ne pouuois trouuer d'apparence à cette sorte de procedure, veu que i'estois l'innocent persecuté que l'on tenoit comme en prison, lors que l'on tenoit conseil auec mes assassins & mes ennemis mortels.

Ie me vis bien-tost dans vne autre peine, car enuiron demie heure aprés, on me vint appeller de la part de Madame, & ie fus conduit en sa presence dans vne chambre où il y auoit douze ou quatorze visages, que ie ne connoissois point du tout. La Damoiselle qui m'auoit conduit en ce lieu, me fit signe que ie me misse sur vn genoüil deuant la Maîtresse de la maison pour luy répondre en cette occasion auec bien-seance, & lors elle commença de me demander qui i'estois, & quel estoit

N iiij

mon nom, comme si iamais elle ne m'eut veu. Aprés que i'eus respondu à ses interrogations, elle m'en fit encore d'autres assez inutiles, puis elle vint à s'enquerir de moy si ie n'auois aucunes intelligences à Londres à qui i'escriuisse, & de qui ie receusse des lettres: ie repartis à cela que ie n'y connoissois qu'vn Marchand chez lequel i'auois logé, à qui ie n'escriuois point, & qui ne me mandoit point de nouuelles: qu'il estoit vray que i'auois enuoyé vn homme exprés pour attendre chez luy vn certain Estranger de mes amis, afin de luy donner auis du lieu de ma residence; pource que nous auions quelques affaires d'importance ensemble. A cette responfe, la Dame regarda vn vieil Anglois assis auprés d'elle, & qui estoit vn de ses proches parens, ainsi que ie sceus depuis, &

luy s'approchant de son oreille, luy dit quelques mots assez bas: là dessus elle reïtera sa derniere enqueste, & me commanda de jurer si ma réponse estoit veritable, ie le protestay auec émotion; mais elle sousriant de cette asseurance, fit signe qu'on fit auancer vne femme qui tenoit vne lettre à sa main que le vieux Seigneur Anglois prit, deplia, & leut tout haut. A la fin de cette lecture, tout le monde me regarda au visage auec apparence de colere, faisant vne espece de murmure, qui me fit imaginer qu'on me tenoit pour suspect de mensonge & d'effronterie, & moy qui m'asseurois sur mon innocence, & qui tenois que cette lettre qu'on auoit leuë, estoit quelque nouueau stratagesme de mes ennemis, ie protestois de mon costé, contre cette méchante imposture. En suite de ces choses, la Dame qui faisoit l'office de Iuge, me commanda de me leuer, & s'estant leuée de sa chaise presque en mesme temps, elle tint vn nouueau conseil auec le vieillard & deux autres : puis elle commanda à deux de ses Damoiselles de prendre des flambeaux d'argent, qui estoient dessus son buffet, & de luy éclairer vers l'antichambre. Ainsi elle se conduisit auec quatre de ces Estrangers dans le cabinet où ie croyois faussement deuoir reposer cette nuict, mais où ie ne fermay pas les yeux.

DE QUELLE SORTE ON
trauailloit au procez du Page disgracié, & comment la Fauorite de sa Maistresse le vint visiter.

CHAPITRE XLIII.

IE ne me troublay gueres de cette visite, dont i'auois desia receu l'auis, croyant auoir donné l'ordre necessaire pour n'estre pas surpris auec rien, qui me pût faire tort, mais ie me trouuay bien loin de mon compte. I'ouuris mes coffres librement à ces Messieurs, qui faisoient office de Commissaires, & ie ne m'imaginois pas qu'ils y peussent rien trouuer qui me deût porter prejudice. Toutesfois aprés auoir visité par tout, il y en eut vn qui s'auisa de foüiller dans les pochetes de mes habits, & qui parmy d'autres papiers qui n'estoient de nulle consequence, trouua la premiere lettre que j'auois receuë de la part de la cousine de ma Maistresse. Elle n'étroit pas signée, mais elle estoit escrite d'vn caractere qui n'estoit pas inconnu à la Dame, qui presidoit à mon procez. Apres qu'elle eut arresté quelque temps ses yeux sur cette escriture, elle me demanda qui m'auoit escrit cette lettre, ie m'approchay pour la reconnoistre, & voyant que c'estoit vne lettre de sa niéce, ie deuins tout rouge, & puis tout pasle de honte, & de regret que ce papier fust ainsi tombé mal-heureusement entre ses mains. Cependant il falloit respondre, ie n'auois pas le temps d'inuenter quelque deffaite, & n'auois gueres d'enuie d'en declarer la verité. Enfin j'auouay que c'estoit vne lettre de sa parente, & l'on ne me demanda rien dauantage: la Dame du logis se retira auec la lettre, s'appuyant sur le bras de son cousin, à qui elle parloit tout bas, & tous les autres les suiuirent: pour moy qui eusse bien voulu aussi les suiure en esprit, & entendre bien leur langage, afin de sçauoir particulierement ce que j'auois à deuiner; comme i'estois dans ces inquietudes ayant l'esprit combatu de milles differentes pensées, j'entendis vn petit bruit à ma porte, j'allay l'ouurir incontinent, croyant que c'estoit mon Irlandois qui me venoit donner quelque auis; mais ie reconnus que c'estoit la Fauorite de ma Maistresse, qui s'estant conduite jusqu'à mon cabinet, à la faueur d'vne petite bougie qu'elle couuroit d'vne main, depeur d'estre apperceuë, me venoit apprendre de grandes choses, dont ie n'estois point informé. L'on auoit fait coucher vn homme deuant ma porte, pour me garder, qui s'estoit endormy profondement, à qui l'officieuse fille qui me venoit visiter ne prenoit pas garde, tellement que rencontrant ce corps auec le pied, comme elle voulut passer en ma chambre, elle faillit à tomber le nez deuant : ie soustins sa cheute, & nous fusmes tous deux bien allarmez, quand nous eusmes apperceu cette pierre d'achoppement, qu'on auoit nouuellement posée en ce lieu. Apres que Lidame (c'est ainsi que i'appellois la Fauorite) eut vn peu repris ses esprits, elle me conta tout le particulier du changement que i'auois veu dans l'estat de ma fortune. Elle m'apprit, que la mere de ma Maistresse auoit enuoyé querir vn de ses parens, qui estoit son voisin de deux lieuës, & quelques autres de ses amis, pour luy prester main forte à faire arrester les coupables du desordre qu'on auoit fait : que tous ces Gentils-hommes estans arriuez, elle auoit procedé à faire tenir en lieu seur, l'Escuyer & tous ses complices, en attendant qu'elle pût voir s'ils deuroient estre liurez entre les mains de la Iustice. En suite de cela, qu'vn de ces Gentils-hommes qui estoit allié de l'Escuyer, & que l'on ne soupçonnoit pas d'estre si fort son amy, l'auoit seruy merueilleusement. C'estoit vn confident du cousin de la maison, qui s'estant abouché auec l'Escuyer s'estoit proposé de le tirer hautemēt de cette affaire, & de me plonger s'il estoit possible dās vn extréme malheur; celuy-cy sur les fausses relations qu'on luy auoit faites, s'étoit introduit à dōner secrettemēt d'estranges impressions à son amy: il luy auoit potesté de luy faire voir clairement, que i'estois vn homme aposté pour faire mourir sa parente, & qu'il en rendroit tesmoignage par des lettres qu'il luy fourniroit dans peu de temps. Ainsi tous deux s'estoient employez à jetter des soupçons de moy dans l'esprit de la vieille Dame du chasteau, & l'auoiët instruite du subtil moyen de me surprendre, & de me faire trouuer menteur, m'interrogeant sur les connoissances que ie pouuois auoir à Londres: l'asseurant que i'auois des intelligences secrettes auec quelqu'vn de la maison de sa belle-sœur, qui possible m'auroient pratiqué pour faire retourner de grands biens en leur maison par la mort de cette heritiere, l'interest faisant faire tous les iours des projects fort abominables. Ils auoient sceu de l'Escuyer, ou de quelqu'vn de ses com-

DISGRACIE'. 305

plices, comme i'auois enuoyé vn homme à Londres pour des affaires de grande importance, ne luy plaignant point l'argent pour ce voyage, & que ce messager auoit escrit à sa femme qu'il m'enuoyoit des lettres de quelqu'vn de cette maison : de sorte qu'estimant ces conjectures assez fortes, pour me faire tenir pour suspect ; ils auoient fait venir promptement la femme auec sa lettre, & c'estoit la cause de toutes les grimaces que i'auois veuës faire durant mon interrogation, & ce qui auoit porté la mere à faire visiter mes hardes pour voir si l'on rencontreroit quelques pieces conuaincantes dans mes papiers. I'escoutay toute cette relation auec vn estonnement merueilleux, mais i'estois toûjours en impatience de sçauoir ce qu'elles estoient deuenuës, elle & ma Maistresse, durant toute cette procedure. Lidame vint bien-tost là m'apprenant que le confident de son parent instruit par mes ennemis de l'affection qu'elles auoient pour moy, s'estoit seruy de tout son esprit & de toute sa faueur pour me rendre leurs soins inutiles, qu'il auoit trauaillé d'abord à rendre suspect à la mere la tendresse du naturel de sa fille, qui par vne molle pitié fort coûtumiere à celles de son sexe, & de son aage, pourroit indiscretement s'opposer à la verification d'vn crime de cette importance : de sorte que par ces raisons ils auoient porté cette bonne Dame à leur faire vn commandement absolu de ne bouger d'vn cabinet, où elle les auoit renfermées, pendant que l'on trauailloit à mon procez, que tout ce qu'elle auoit pû faire pour mon seruice dans cette cruelle conjoncture, c'étoit de m'auoir fait tenir par mon

Irlandois le billet d'auertiffement que i'auois receu, qu'elle luy auoit jetté dans la cour par vne feneftre: aprés luy auoir fait figne qu'il me l'apportaft. Elle me fit encore des proteftations de l'ennuy qu'en auoit eu fa Maiftreffe, & du hazard qu'elle couroit en contreuenant par cette vifite aux commandemens feueres qu'on luy auoit faits de n'auoir plus aucune communication auec moy, & me pria fur fon depart d'attendre auec patience de fes nouuelles.

LES CONSOLATIONS QVE le Page disgracié receut durant sa captivité.

CHAPITRE XLIV.

APrés cette secrette conference, la fidelle Lidame se retira, & ie demeuray tout confus & tout outré de douleur dans mon honneste cachot : ie m'y promenay iusqu'au iour, parlant en moy-mesme, & faisant quelquesfois de si hautes exclamations, que le valet, qu'on auoit commis à ma garde, s'en réueilloit par fois en sursaut : enfin les fatigues de la nuict,

DISGRACIE. 309

& la foiblesse de ma complexion, me firent assoupir vne heure ou deux, & i'estois dans quelques visions espouuentables qui deuoient tirer leur origine de mes craintes, lors que me debotant sur mon lict, i'ouuris les yeux, & vis deuant moy mon Irlandois ardent & fidele : ie luy demanday aussi-tost de quelle sorte il s'estoit acquité de sa commission secrette, il me respondit que le tout estoit en lieu de seureté, mais qu'il n'en auoit pas vsé de la sorte, que ie luy auois dit, pource qu'il auoit apprehendé qu'on n'ouurist pas la porte du chasteau si matin, & que quelqu'vn passant d'auanture sur le fossé, ne s'auisast de descouurir ce que ie voulois tenir caché. Ie sceus de luy qu'il auoit esté mettre ce depost dans la basse-court, parmy vn grand monceau de briques, & de pierres du reste de la demolition d'vne vieille tour, & que ie ne deuois point m'en mettre en peine: de plus que Lidame & ma Maistresse auoient gagné depuis long-temps vne des femmes de Madame qui l'auoit introduit dans l'antichambre, & qui me feroit sçauoir bien-tost de leurs nouuelles. Cela me consola tant soit peu, mais ne remit pas mon esprit tout à fait, car il falloit de plus grands remedes pour adoucir vn mal si cuisant, & que ie croyois presque incurable. Lidame auoit tesmoigné tant de crainte d'estre surprise en me parlant, & s'estoit retirée si vîte, que ie n'auois pû luy demander les particularitez de mon affaire, & quel ordre ma Maistresse vouloit tenir pour me retirer de ce peril, où mon innocence estoit grande, mais où la calomnie estoit si puissante à me nuire, que i'auois be-

DISGRACIE.

soin d'vn bon suport. Cela me donna sujet d'escrire cette lettre à la Fauorite qui me venoit de quiter, aprés auoir tesmoigné à mon Irlandois, que ie n'apprehendois nullement l'artifice de mes ennemis, & l'auoir fortifié par de grandes esperances en la resolution qu'il auoit de me seruir fidelement.

A Lidame.

Vous auez passé deuant mes yeux comme vn esclair, & m'auez dit si peu de chose en cet instant que ie doute si vous ne m'estes point apparuë en songe. S'il est vray que ce trait de ma mauuaise fortune vous touche, escriuez-moy bien amplement par ce garçon des nouuelles de nostre Maistresse: ce qu'elle dit du traictement que l'on me fait, & de quelle sorte elle a resolu d'agir pour mon salut, i'aurois dit pour ma liberté, mais i'aurois craint que vous eussiez mal expliqué le terme d'vn homme qui veut toute sa vie estre son esclaue, & vostre tres-affectionné seruiteur.

SVITE

DISGRACIE'.

SUITE DV PROCEZ DV PAGE disgracié, & comme sa prison fut changée.

CHAPITRE XLV.

CE fidele Messager estoit à peine sorty de mon cabinet, quand vne Demoiselle Angloise me vint appeller, & comme ie la suiuois j'apperceu dans l'antichambre deux Gentils-hommes des voisins de la maison qui s'y promenoient, & parloient assez haut de ma trahison pretenduë, & qui m'accompagnerent dans vne chambre, où la vieille Dame de la maison estoit assise dans vn fauteüil, & son venerable parent assis auprés d'elle: derriere eux

O

estoient tout debout, & nud teste, les principaux du logis, & ie penetray d'vn regard par tout pour voir si ie n'y découurirois point ma Maitresse ou sa Fauorite: & ne les apperceuant ny l'vne ny l'autre, ie sentis vne espece de glaçon qui me penetra iusqu'au cœur. Toutefois ie me recüeillis vn peu en moy-mesme, & m'estant mis sur vn genoux deuant ce petit Tribunal, i'escoutay d'vne façon modeste, mais asseurée, ce qu'on auoit à me dire. La bonne Dame qui tenoit la lettre de la cousine de ma Maistresse, & qui estoit niéce de feu son mary, me proposa d'abord de confesser ingenuëment de qui j'auois receu cette lettre; & comme ie l'eus reconnuë pour estre venuë de la part de son alliée, elle me pressa d'auoüer quelle somme on m'auoit donnée, & quelles promesses on m'auoit faites pour m'obliger au detestable dessein que j'auois entrepris d'executer. Ie luy demanday quel dessein; & comme elle m'eut dit que c'estoit d'empoisonner mal-heureusement sa fille, en faueur de ceux qui pretendoient d'en heriter : Ie luy protestay que cela estoit faux, & que c'estoit vne calomnie que mes ennemis auoient inuentée afin de me perdre. Mais elle continua ses interrogations en branlant la teste, & me dit en suite que la lettre qu'elle tenoit estoit escrite d'vn stile fort affectionné, & de la main d'vne personne de condition, qui témoignoit desirer d'apprendre de mes nouuelles auec vn grand empressement, & qu'il estoit facile de iuger que ie n'auois pas vne si grande intelligence auec elle pour quelque affaire de peu d'importance. Comme ie me vis pressé de ce costé, ie ne balançay plus l'honneste honte de declarer l'affection de sa cousine, auecque la crainte du mauuais traictement dont ie me voyois menacé, j'auoüay franchement que cette parente m'auoit témoigné quelque affection, & qu'elle m'auoit fait present d'vne escharpe vn iour que j'auois esté saigné, qui estoient tous les presens que j'auois receus d'elle, & qu'elle ne m'auoit point tesmoigné cette bonne volonté pour me faire entreprendre rien de mauuais contre sa cousine, comme mes ennemis auoient aduancé faussement ; mais bien possible pour m'attirer à son seruice, afin que ie l'instruisisse en la pureté de ma langue, dont elle se montroit amatrice, & que c'estoit le seul sujet qui l'auoit portée à m'escrire cette lettre, à qui l'on vouloit donner des explications qui m'estoient si fort desauantageuses. Là dessus j'appellay Dieu à tesmoin de mon innocence, & de l'innocence de la parente de la maison, que l'on vouloit noircir par vne supposition si detestable, & qui meritoit qu'on en fist punir seuerement les Autheurs. La Dame du logis se leua lors de sa chaise, & prenant son vieux parent par la main, s'en alla tenir conseil auec luy prés d'vne fenestre: à la fin de leur conference secrette, le concierge de la maison fut appellé pour me cõduire dans vne vieille tour qui estoit separée de tout le reste du bâtiment. Là ie me trouuay beaucoup plus au large que dans le cabinet où i'estois, i'eus de vastes chambres à me promener & l'escalier libre iusqu'à la porte d'en bas qui fut fermée sur moy à plusieurs tours; ce fut en ce lieu que i'experimentai combien les heures sont longues à la mesure de l'impatience, & quelles inquietudes apporte vne captiuité dont on ne connoist pas la fin. Apres m'estre bien lamenté, & m'estre pris cent fois à mes cheueux de ma mauuaise fortune; l'entendis ouurir, & peu apres, ie vis monter vn Officier & mon Irlandois qui vinrent m'apporter à disner. La veuë de mon valet me donna quelque consolation, mais la viande qu'on m'apporta ne me donna point de nourriture, car ie n'en voulus iamais manger tant soit peu, tant i'apprehendois le poison. Ie ne tesmoignay pourtant point ma deffiance à l'Officier, qui n'estoit point de ceux qui m'estoient suspects, & me seruant en cette occasion de mon Irlandois pour truchement, ie luy fis entendre que ie luy estois beaucoup obligé de la peine qu'il auoit prise, & que i'esperois de me voir encore en estat de reconnoistre ce bon office. I'accompagnay ce compliment d'vne embrassade, & de deux ou trois pieces d'or qu'il fit vn peu de difficulté de prendre. Apres l'auoir ainsi gagné, ie tiray mon Irlandois à l'escart pour luy demander des nouuelles de ma Maistresse. Ce fidele seruiteur m'apprit qu'on m'auoit apporté à disner, par le soin qu'en auoit pris Lidame: qui donnant les ordres dans la cuisine, l'auoit subtilement chargé d'vn papier qu'il me mit à la main. Ie loüay sa fidelité, & luy commanday de se fournir d'vn peu de pain dans le bourg, & de me l'apporter dans sa poche quand il reuiendroit me voir, parce que i'auois grand sujet d'estre en deffiance des autres viandes qu'on me preparoit au logis, comme il en auoit veu les preuues. Si-tost que l'on m'eut laissé tout seul, i'ouuris la lettre que l'on m'enuoyoit, qui contenoit à peu prés ces paroles.

Ie ne connois rien de plus épouuentable que la malice de vos ennemis, il n'y a pas eu moyen que la force de la raison ait pû resister iusqu'icy à celle de la calomnie: ma Maistresse & moy faisons mille efforts pour maintenir vostre innocence, que l'iniustice veut oprimer: & nous nous trouuons presque épuisées dans cét employ, & de larmes & de paroles. Tout ce que nous auons pû faire pour vôtre salut, c'est qu'on differast encore de vous mettre entre les mains de la iustice, comme on estoit prest d'en prendre la resolution. Voyez quelle est vostre misere & la nostre, & quel danger vous pourriez courir si vous n'estiez point protegé. Ne vous desesperez point toutefois de sortir de ce Dedalle; nostre Maistresse est resoluë d'y mettre le tout pour le tout, & ie n'ap-

DISGRACIE'.

prehende rien tant pour vous que l'excez de son affection, qui a desja failly deux ou trois fois de faire un éclat à tout perdre.

O que ie trouuay cette lettre touchante! & qu'elle me donna tour à tour de differentes passions! I'y découuris la malice de mes ennemis qui me fit grincer les dents de colere, i'y reconneus la constante foy de ma Maistresse qui me fit soûpirer d'amour, i'y trouuay des matieres qui me glacerent tout le sang d'effroy, & parmy tout cela quelques sujets d'esperance qui restablissoient en moy les desordres de la crainte & de la douleur.

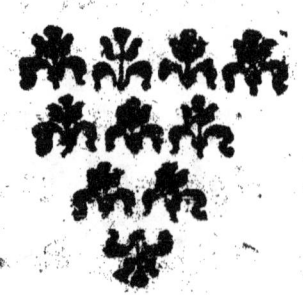

*DE QVELLE SORTE
Lidame vint retirer le Page
disgracié de prison.*

Chapitre XLVI.

IE passay toute la iournée à relire la lettre que i'auois receuë; & donnant des gloses à ce texte, qui m'en rendoient le sens plus rigoureux ou plus fauorable, & ne m'occupay qu'à jetter vne partie des viandes qu'on m'auoit apportées par vne fenestre, d'où ie voyois battre apres les poissons & les plongeons qui se nourrissoient dans l'eau du fossé. Sur le soir mon valet reuint auec l'Officier qui retourna chargé de ma nourriture, & ie le fis venir

DISGRACIE'.

parler à moy sur l'escallier, tandis que l'autre mettoit sur table; il tira d'abord de ses proches vn pain qu'il auoit pris hors du logis, & de la viande enuelopée dans vn linge blanc, que m'enuoyoit la Fauorite de ma Maistresse, auec vn papier, où ie trouuay ces mots.

Nostre Maistresse a fait vn dessein, que vous n'approuuerez non plus que moy, encore qu'il soit fort genereux. L'euenement en pourroit estre bon, mais i'en trouue l'execution tres-difficile: i'espere de vous voir cette nuict, pour vous en dire dauantage; essayez de ne vous affliger point, nos esperances sont fort affoiblies, mais elles ne sont pas encore mortes.

Lors que les deux garçons se furent retirez, & que i'eus releu ce billet, ie repris vn peu de courage, j'esperay que Lidame en me venant voir, m'apporteroit de bonnes nouuelles, ou du moins que nous trouuerions ensemble quelque expedient pour me faire sortir de cette tour, & me dōner les moyens de me conduire en quelque lieu de seureté. Ie mangeay d'vn grand appetit, durant ces agreables pensées ; des mets dont ie n'auois point de soupçon, & puis apres auoir fait quelques promenades durant lesquelles mon esprit repassoit sur beaucoup de choses ; ie m'allay jetter sur vn lict que l'on m'auoit là preparé. Ie n'y dormis pas d'vn somme si profond, que ie n'eusse esté capable d'estre réueillé par le moindre bruit, & cependant ie ne fus retiré de mon assoupissement que par l'approche de Lidame qui me vint tirer par le bras. Cette genereuse & fidele amie, m'apparut alors de la façon, qu'apparoiſsent les bons Anges ; elle m'effraya par son arriuée, mais elle ne me laissa pas sans consolation. Elle tenoit vne petite lanterne sourde à sa main, dont elle entre-ouurit tout à fait le regard, afin que ie l'a reconnusse, & que ie ne m'espouuentasse point: puis elle me dit tout bas, tant elle auoit peur d'estre entenduë durant la tranquillité de la nuict. He! bien Ariston, vous voyez comme ie vous ay tenu ma promesse : ce n'a pas esté sans courir vn grand danger d'étre apperceuë, & si ie l'auois esté de la moindre personne du logis, ie serois absolument perduë. Ie pris sa main pour a baiser, en luy tesmoignant le tendre ressentiment que i'auois de ses bontez, mais ne me le voulant pas permettre, elle continua de cette sorte. Vous n'auiez eu garde de deuiner les choses que vous auez leuës dãs le billet que ie vous ay fait tenir, sçauez-vous bien que nostre Maistresse a voulu prendre en vôtre faueur le party le plus temeraire du monde? si ie ne l'eusse destournée par mes conseils, elle estoit sur le poinct de s'aller jetter aux pieds de sa mere, comme vne personne folle d'amour, & luy protester hautement qu'elle vous auoit donné la foy, & qu'elle auoit receu la vostre, pour n'estre à iamais tous deux qu'vne mesme chose. Si bien qu'elle auroit fait paroistre par cette action, que vous auriez contracté auec elle vn mariage clandestin, & vous pouuez iuger en quel desordre elle eust mis l'esprit de sa mere. C'est vne Dame sortie d'vne des plus illustres maisons de cette Isle, & qui pretend vn grand party pour sa fille, mesprisant mesme l'alliance de beaucoup de Comtes. Iugez ce qu'elle seroit deuenuë, quand elle auroit appris que sa fille auroit fait choix d'vn Estranger inconnu, comme vous. De quelques hautes esperances dont ie me fusse flatté iusqu'alors, ie me trouuay fort interdit à ces paroles, & plus encore quand elle continua son discours, en me protestant que quand mesme ie serois nay Prince, on ne s'arresteroit point pour ma qualité dans cette premiere colere ; & que me tenant pour vn imposteur, on me feroit perir sur le champ : i'auoüay ces verités en pleurant, ie blasmay l'inconsiderée affection de ma Maistresse, & loüay la prudence de sa Fauorite. Cependant, Lidame me dit qu'il y auoit encore vne autre grande resolution à prendre ou à quitter; c'estoit d'essayer à me sauuer tout seul, ou d'enleuer encore ma Maistresse, qui vouloit prendre vn de mes habits pour cela, & me charger d'vne cassette, où il y auoit vne grande quantité de pierreries : Lidame en disant cela me regarda comme en soûriant, & me faisant assez iuger que cette derniere proposition estoit ridicule, ie fus d'accord auec elle de ce sentiment, & la suppliay les mains jointes, par l'affection qu'elle portoit à nostre commune Maistresse, de la détourner de ce desir, qui nous seroit à tous si funeste. Car quelle apparence y auroit-il eu qu'vn Estranger eust fait vn coup de cette importance auec impunité, sans amis, sans intelligence, & dans vne Isle où les ordres sont si bons, & tous les ports si bien esclairez ?

Apres auoir consulté long-temps ensemble, il fut arresté que ie m'éuaderois tout seul, n'emmenant que mon Irlandois auec moy pour me conduire par l'Escosse, & me faire sauuer en son pays. Que cependant

DISGRACIE'. 329

elle feroit entendre à ma Maîtresse que ie serois allé m'asseurer d'vn vaisseau dans quelque port pour la venir enleuer aprés, trauestie en homme, quand on seroit prest à faire voile. Ie demanday lors à Lidame, ce qui pressoit si fort mon depart : & ie sceus d'elle qu'vne espece de Preuost de la Prouince deuoit le lendemain s'emparer de moy. De sorte que nous n'auions pas beaucoup de temps à nous entretenr : de plus que ma Maistresse me seroit venu voir aussi bien qu'elle, n'eust esté que par ie ne sçay quelle humeur, sa mere l'auoit fait coucher en son lict. Au reste, qu'elle auoit corrompu le portier, & que moyennant vne certaine somme qu'il auoit receu, ie pourrois sortir quand il me plairoit, & que pour couurir son infidelité, & donner vne autre apparence à ma fuite, il auoit esté resolu entr'eux que j'attacherois les draps de mon lict à la feneftre de ma chambre, qui regardoit fur le foffé. Ie trouuay cet expedient le meilleur du monde, i'attachay promptement les linceuls à vne croifée, & fortis de la tour auecque Lidame. Nous trouuafmes mon Irlandois dans la court, qui auoit efté aduerty par elle d'y demeurer toute la nuict, & ce fidele garçon ne manqua pas de retrouuer le coffre d'acier qui m'appartenoit, & qu'il auoit adroittement caché dans vne mafure. Lidame me mit hors du chafteau, le vifage baigné de larmes, me priant de chercher vn moyen pour me mettre en feureté, & pour luy faire fçauoir de mes nouuelles. Apres y auoir vn peu penfé, ie luy demanday s'il y auoit moyen d'auoir du pain, & vne bouteille, & que cela feroit fort neceffaire à l'expedient que i'auois pris : elle retourna auec mon Irlandois dans la chambre du portier, & reuint auec toutes ces choses. Ie luy dis lors adieu, luy promettant qu'elle apprendroit seurement de mes nouuelles, & que ie luy donnerois lieu de me pouuoir auertir le lendemain de tout ce qui se passeroit. Ie la priay de faire en sorte que le portier ne fermast point la porte, que mon Irlandois ne fut rentré, que ie deuois renuoyer dans deux heures au plus tard.

Fin du premier Liure.

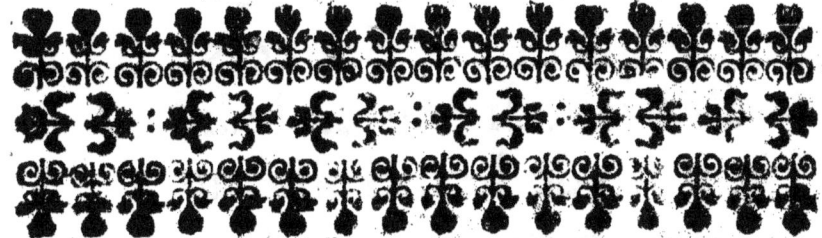

REMARQVES
ET
OBSERVATIONS
SVR LE PREMIER LIVRE
DV PAGE
DISGRACIÉ.

Ch. II. *Ie suis sorty d'vne assez bon-*
Page 5. *ne maison*; Tristan l'Hermite Autheur de cét ouurage, nasquit au Chasteau de Souliers, en la Prouince de la Marche, du mariage de

REMARQVES.

Pierre l'Hermite, Cheualier Seigneur de Souliers, & d'Elizabeth Miron : ledit Pierre fils de Iean troisiéme du nom, aussi Cheualier Seigneur de Souliers, Lieutenant de la Compagnie de Gens-darmes du Vicomte de Turenne, depuis Duc de Boüillon, Mareschal de France, Prince Souuerain de Sedan, & de Ieanne de la Rocheaymon, de la Branche des Marquis de Saint Maixant : ce Gentil-homme reconnoissoit pour les Fondateurs de sa maison les anciens Comtes de Clermont d'Auuergne, puisnez des Princes Souuerains Comtes d'Auuergne, ainsi que l'a remarqué l'illustre Iean le Bouteiller de Senlis, Seigneur de Froymont en Picardie, en l'Epithalame qu'il composa en faueur d'Estienne l'Hermite, Cheualier Seigneur de la Fage, le 25. Ianuier 1419. en ces vers Picards.

Ie ne vueil mie deduire par vn long parolage,
Que jadis deschendirent d'vn Comte de Clermont en Auuergne, &c.

Le Pere Pierre Daufremon Iesuite, est de la mesme opinion, au liure qu'il a composé de la vie de Pierre l'Hermite, Autheur de la premiere Croisade, & premier Viceroy de Hierusalem; Il dit que Renaud l'Hermite, pere de ce Viceroy, fut le premier qui portai le nom de l'Hermite, pour eftre né en vn lieu defert, dans lequel fa mere fut contrainte de faire fa couche, ayant efté furprife dans vn voyage qu'elle vouloit faire à Auxerre, pour y vifiter le Corps de S. Martin, qu'on y auoit tranfporté de Tours à caufe des Normands, qui lors nous faifoient la guerre. Ce Renaud ayant tué le fils du Comte d'Auuergne dans vn combat fingulier, fut contraint d'abandonner l'Auuergne & de fe refugier premierement à Cluny, où il auoit quelques parens Religieux; delà il paffa en Normandie prés de Guillaume le Conquerant, qui luy procura vne alliance considerable dans la maison de Montegu, suiuant les mesmes Autheurs & la Genealogie manuscrite conseruée dans le Tresor du Chasteau de Betissat en Flandres, & qui est confirmée par diuers authentiques, nostre Poëte celebre dit expressement ces paroles.

Renaud poussé non par enuie occit le fils d'Auuergne, ains son corps deffendant, & que pour se sauuer decha de là fuyant vint premier à Cluny & puis en Normandie! ô qu'il fut bien vaingu ou Duc Dichelle frere, qu'il luy donna en nopces vne de Montagu & du Paistre Gouais partie du reuenu, puis au Duc il aida
con-

conquiere l'Angleterre. Ce fut de son mariage auec Adelide de Montagu, que nasquit le fameux Pierre l'Hermite, dont le courage & le zele pour la Religion, se signalerent si hautement dans la conqueste de la Terre Sainte: Ce braue entre les Chrestiens de son siecle, auoit eu de sa femme Beatrix de Roucy, Pierre & Alix l'Hermite, la fille espousa Geofroy de la Tour, Cheualier Limosin Seigneur de Casard.

Pierre l'Hermite deuxiéme du nom, Seigneur de Haab & de Cassambel en la Palestine, fut aussi Chastelain & Gouuerneur d'Antioche. Il épousa Louise fille de Hues de Piseaux,

P

& c'est de luy que par tous les degrez de filiation sont issus les Seigneurs de Souliers en la Marche, aisnez du nom & armes de l'Hermite, & qui ont pour puisnez les Seigneurs de Betissat en Flandres, & la branche des l'Hermite qui s'est formée au Royaume d'Espagne.

page 5. *Et ie puis dire qu'il y auoit d'assez grands honneurs & assez de bien dans nostre maison.*

Martial l'Hermite surnommé Milor, le quatriesme aïeul de nôtre Autheur, estoit Seigneur de Souliers, du Chalart, de la Riuiere, de Chomin, de la Masiere & autres lieux, grand Escuyer du Comte de la Marche, Conseiller du Roy, Cheualier de son Ordre & Lieutenant pour sa Majesté de la ville de Bourdeaux & pays de Bourdelois; & le Grand Oncle du mesme Autheur Cheualier de Malthe, Cõmandeur de Messonnisle, estoit Lieutenant de Roy en la Prouince de la Marche, Gouuerneur de la Ville & Citadelle de Gueret; Il comptoit encore entre ses Predecesseurs deux grands Preuosts de France, comme luy, du nom de Tristan l'Hermite, l'vn sous le Regne de Charles V. dit le Sage, qui estoit son septiéme ayeul, & l'autre sous Louis XI. qui estoit frere puisné de Geofroy l'Hermite, Seigneur de Souliers.

REMARQVES.

page 6. *Vn grand procez criminel.* Pierre l'Hermite pere de noſtre Autheur fut ſept ans detenu priſonnier, accuſé d'auoir eſté complice auec ſes Oncles, Claude l'Hermite Commandeur de Meſonniſſe, & Louis l'Hermite, Seigneur du Dognon, de la mort du Vice-Seneſchal de la Marche.

page 7. *Vn des grands Capitaines.* Louis de Creuant Vicomte de Brigueil, Marquis de Humieres, Cheualier des Ordres du Roy, Gouuerneur de Compiegne, Capitaine des cent Gentilshommes de la Maiſon de ſa Maieſté, iſſu par des alliances illuſtres de Geofroy de Creuant, Seigneur de Beauché, qui ſous le Regne

REMARQVES.

de Philippes-Auguste donna beaucoup de reputation à sa famille; & auquel le pere de nostre Autheur auoit l'honneur d'appartenir.

Et l'vne des plus excellentes femmes du monde. page 7. Gabrielle d'Estrée, Duchesse de Beaufort.

Vn vieux Gentil-homme de bonne maison. Ibidem. Pierre Miron, Baron de Cramail, Gouuerneur & Bailly de Chartres, issu des Comtes de Palias, puisnez des anciens Comtes de Barcelonne. Cascales, Menescal, & autres Autheurs François & Espagnols, prouuent cette glorieuse descente, & le College de Gironne fondé à Montpellier par Gabriel

P iiij

Miron, fait foy de son extraction Catalane, aussi bien que de la grandeur de son extraction, confirmée par plusieurs authentiques rapportez dans la Genealogie de cette maison, qui s'est transplatée en France, depuis seulement environ deux cens ans, par François Miron, qualifié Chevalier & l'vn des braues des troupes que Rodrigues de Vilendrado amena au seruice du Roy Charles VII. Son fils, Gabriel Miron Chancelier de la Reyne Anne & President en la Chambre des Comptes de Bretagne, a continué de perpetuer cette Famille en ce Royaume.

Chap. 3. page 10. *Mon ayeule maternelle.*

Denise de saint Prés, Dame de saint Prés lez Chartres, fille de Iean de saint Prés, dit le Gros Iean, renommé és guerres d'Italie, où il commandoit la Compagnie de Gens-darmes de Monseigneur Yues d'Alegres, sa mere Anne de Château-Chalons, tiroit son commencement des anciens Ducs & Comtes de Bourgogne.

Vn Prince de l'Eglise de *page 11.* *mes proches.* Charles Miron fait Euesque d'Angers, puis Archeuesque & Comte de Lyon, Primat de France, oncle du sieur Tristan l'Hermite, à la mode de Bretagne, estant fils de Marc Miron frere de Pierre ayeul dudit Autheur. Ce Prelat, dont l'éloquence estoit aussi rare qu'il estoit profond en doctrine, prononça l'Oraison Funebre de Henry le Grand, representa l'vn des Pairs de France au sacre de Louys le Iuste, & soustint si hautement les interests de l'Eglise & de l'Estat dans l'Assemblée des Notables, que le Roi consentit au choix que le Pape Vrbain VIII. fit de ce personnage, pour succeder au Cardinal de Marquemont à l'Archeuesché de Lyon. L'on remarque particulierement ces paroles dans le Bref dont sa Sainteté l'honora, *non enim dicendus es petiisse dignitatem, petiit enim pro te Ecclesiæ Majestas; petiit salus populorum, petiit cœlum ipsum bonorũ An-*

tistitum laudibus fauens. Cha. 4.

Mon pere auoit eu l'hon- page 14.
neur de seruir vn des plus
grands Princes du monde. Le
Roy Henry le Grand, que
le pere de l'Autheur ser-
uit fidellement durant la
Ligue.

Mon grand Oncle mater-
nel. François Miron Cheualier Seigneur du Trem-
blay, Linieres, Bonnes &
Gilevoisin, Conseiller au
Parlement, puis Maistre
des Requestes, President
au grand Conseil, Lieute-
nant Ciuil, & Chancelier de
Monseigneur le Dauphin;
le mesme aussi braue que
grand Iusticier, fut Intendant de Iustice dans les Armées de Henry le Grand,
contre la Ligue; il fut aussi

depuis Preuost des Marchands, & en cette qualité il conserua les interests publics, & les rentes de l'Hostel de Ville, qui luy firent meriter les applaudissemens du peuple & l'estime du Roy tout ensemble, ainsi que l'a repeté l'Illustrissime Archeuesque de Paris, en son Histoire de la vie de ce Grand Monarque.

page 15. *Ces deux diuines Personnes.* Henry le Grand & Henry de Bourbon, Marquis de Verneuil, fils naturel de ce Monarque: Ce Prince est aujourd'huy Duc & Pair de France, Prince du saint Empire, Cheualier des Ordres du Roy & Gouuerneur & Lieutenant General pour sa Majesté au haut & bas Languedoc.

Celuy qu'on auoit choisi pag. 17. *pour l'instruire.* Claude du Pont Gentil-homme de Normandie, qui auoit esté Precepteur de Charles Miron Euesque d'Angers.

Ie n'auois qu'vn camarade. Chap. 5. Le Page Disgracié prend pag. 20. cette qualité dans son Roman, quoy qu'il fust Gentil-homme d'honneur, & non Page dudit Prince, qui auoit receu son cousin germain dans le mesme rang, & que l'Autheur appelle son seul camarade, qui étoit Leon d'Illiers, Seigneur d'Entragues & de Chantemesle, heritier de la Maison d'Entragues de par sa mere Charlotte de Balzac, sœur d'Henriette de Balzac Marquise de Vernueil, mere du Prince susdit.

Chap. 5. pag. 27. *Ce ieune Soleil.* Monseigneur le Duc d'Orleans, Prince de grande esperance & qui mourut ieune.

Cha. 8. pag. 39. *Vn Gentil-homme de mes parens.* Ce Gentil-homme pouuoit estre le Seigneur de la Rochemassenon, du nom de Barton, parent paternel de l'Autheur.

Cha. 9. Pag. 54. *Vne troupe de Comediens.* Vantret & Valeran, qui lors auoient toute l'estime que l'on peut acquerir dans cette profession.

Pag. 56. *Vn ieune Seigneur de mon âge.* Charles de Schomberg, Duc d'Alluin, Pair & Mareschal de France, &c. lequel a toute sa vie honoré cette famille d'vne particuliere bien-veillance.

Le Poëte des Comediens. Cha. 11. Alexandre Hardy, lequel Pag. 67. a mis au iour vn grand nombre de pieces de Theatre, qu'il composoit à trois pistoles la piece.

C'estoit vn Gentil-homme Cha. 10. *de condition.* Charles de Pag. 63. Razilly, lors Page de la Chambre, puis Mestre de Camp du Regiment de Perigord, Gouuerneur de Haguenau, & Mareschal des Camps & Armées du Roy. Ce Seigneur des plus anciennes maisons du Loudunois, auoit eu pour pere le fameux Razilly, qui premierement fit redouter l'Estat François dans les Indes, & par toutes les Mers, ses oncles nos Vice-Admiraux, n'ont pas acquis vne moindre reputation; & le Regiment des Gardes, tient encore à honneur d'auoir entre ses Capitaines, vn braue & glorieux rejeton de cette si illustre souche.

Cha. 15. Pa. 94. *En la Prouince où ie suis né ou en Espagne.* L'Autheur auoit lors pour parent Iean de Velasque, Connestable de Castille, Duc de Frias, &c. Gouuerneur de Milan, & Grand Maistre d'Hostel du Roy Catholique, n'agueres Ambassadeur extraordinaire à la Cour de Henry le Grand, auquel Monarque il auoit l'honneur d'appartenir, ainsi que le témoigna sa Maiesté, par la lettre qu'il en escriuit au

Mareschal d'Ornano, en ces termes.

J'Ay eu icy trois iours durant le Conneſtable de Caſtille auec ſa ſuite, & luy ay fait la meilleure chere & reception qu'il m'a eſté poſſible, comme ie l'ay reconnu fort honneſte Seigneur, outre qu'il ſe trouue qu'il a l'honneur de m'appartenir, &c. Cette Lettre eſt écrite à Fontainebleau, le 12. Nouemb. 1604. Signé, HENRY; & plus bas FORGET.

Ce Seigneur comptoit entre ſes Anceſtres Dom Iuan de Velaſque, Grand Chambellan du Roy d'Eſpagne, lequel eſpouſa Marie l'Hermite de Souliers, fille de Renaud, du mesme nom, Mareschal de Castille, & Beau-frere du Connétable du Guesclin, qu'il accompagna en Espagne, & le seconda dans les victoires que ce grand Chef de guerre remporta sur Pierre surnommé le cruel, que nos François chasserent du thrône pour y placer son frere Henry, lequel Monarque voulant reconnoître les seruices de Renaud, que nos Historiens appellent le Limosin, & les Espagnols, *Mosen Arnao Limosni que era Frances*, l'honora du Baston de Mareschal de Castille, & luy fit don de la Seigneurie de Villalpendo, encore aujourd'huy possedée par Monsieur le

Connestable de Castille: ce Mareschal s'allia dans la maison de Valdes des plus illustres du Royaume de Leon, sa femme Beatrix Melandeto de Valdes, ne luy laissa que deux filles de ce mariage, Agnés & Beatrix l'Hermite de Souliers; la premiere épousa Dom Fernand Ruys de Torres, Seigneur de Pardo, duquel mariage il eut Marie & Beatrix.

Marie de Torres, femme du Prince Fernand de Portugal, fils de l'Infant Denis; les Comtes de Vilars descendans de ce mariage, portent encore pour armes escartelé en sautoir de Portugal & de Torres, qui est de gueulles à cinq

Tours d'or posées en sautoir.

Beatrix espousa Martin Fernandes de Cordoüa Alcaide *de Los Donzelles*; & c'est de cette alliance que s'est formée toute la branche des Souliers de Cordoüa; ils eurent plusieurs enfans, Marie de Cordoüa fut mariée à Rhuis Mendes de Sotomajor, dont sont issus les Marquis de Carpio.

Le Mareschal Renaud l'Hermite de Souliers, espousa en secondes nopces Marie Tissõ de l'illustre maison d'Arragon, de laquelle il eut

Marie l'Hermite de Souliers, femme du susdit Iean de Velasque grand Chambellan du Roy, &

Viceroy de Castille; de laquelle alliance sont issus huit Connestables de Castille, ainsi que ie diray cy-apres.

Le mesme Mareschal de Souliers eut encore vn fils naturel appellé Henry le Limosin, qui a fait branche en Espagne.

Iean de Velasque estoit fils de Dom Pedro Fernandes de Velasque, grand Iuge ou Chancelier du Roy Dom Pedro, & de Dona Maria Sarmiento; il mourut en Octobre 1418. & laissa de son mariage auec Marie l'Hermite de Souliers entre plusieurs enfans.

Dom Pedro Fernandes de Velasco premier Comte de Haro, lequel espousa

Beatrix Manrique dont sortit

Dom Pedro Fernandes de Velasco premier Connestable de Castille & deuxiesme Comte de Haro, allié auec Mencia de Mendoce, dont deux fils.

Bernardin de Velasque Connestable de Castille, Duc de Frias, & Grand Chambellā du Roy Catholique; qui espousa en premieres nopces Blanche de Herera fille du Mareschal Garcias de Herera, de laquelle alliance sont sortis les Comtes de Beneuent. Il eut pour seconde femme Ieanne d'Arragon, fille du Roy Catholique, de laquelle il n'eut qu'vne fille Dom Inigo de Velasque,

REMARQVES.

succeda aux Charges & Seigneuries de Bernardin son frere; il fut comme luy grand Chambellan & Capitaine General dans les Royaumes de Castille & Leon: il eut à sa garde les Fils de France, que François premier donna en ostage à Charles-Quint: il fut grand homme de guerre & laissa de son alliance auec Marie de Tobar, Marquise de Berlanga.

Dom Pierre & Dom Iean de Velasque, le premier fut, comme son pere, Connestable de Castille, grand Chambellan du Roy, Duc de Frias, Marquis de Berlanga, &c. il deceda sans laisser d'enfans de son mariage auec sa cousine

Iulienne Ange d'Arragon, fille du Conneſtable Benardin de Velaſque.

Dom Iean de Velaſque frere puiſné de Pierre, fut comme luy Conneſtable de Caſtille, Duc de Frias, &c. il eſpouſa Ieanne Henriques, de laquelle

Inique de Velaſque Duc de Frias, Conneſtable de Caſtille, Duc de Frias, &c. allié auec Anne d'Arragon & de Guſman, dont eſt iſſu

Iean Fernand de Velaſque, Conneſtable de Caſtille, Duc de Frias, &c. ce Seigneur qui merita l'eſtime & la bien-veillance de Henry le Grand fut vn des Heros de ſa famille ; il paſſa fort ieune en Italie auec le

Duc d'Ossonne, où il seruit le Roy Philippes second en plusieurs occasions importantes, il fut Ambassadeur extraordinaire à la Cour du Pape V. il fut Gouuerneur de Milan, Capitaine General de l'Armée Espagnole au secours du Duc de Sauoye, & contre les François en Bourgogne, & à la iournée de Fontaine Françoise : depuis il fut enuoyé Ambassadeur extraordinaire en France, ainsi que j'ay dit cy-deuant, & estant à la Cour, il s'informa exactement de la condition de cette famille Françoise, à laquelle il estoit allié depuis si long-temps ; il fit mesme effort pour auoir quelqu'vn du nom de l'Hermite Souliers, qu'il puſt mener en Eſpagne pour luy faire part des auantages de ſa fortune ; mais comme noſtre Autheur eſtoit lors encore trop ieune pour vn ſi grand voyage, le ſouuenir de cette bonne volonté demeura dans la famille & paſſa à la connoiſſance dudit Triſtan, qui ſouhaittoit d'aller en Eſpagne lors de ſes diſgraces, où ſans doute, il n'auroit pas moins receu de ſatisfaction de ce grand Capitaine, que ſon petit fils auſſi Conneſtable de Caſtille, en a rendu depuis quelques années au Cheualier de l'Hermite cadet de nôtre Autheur. Il a rapporté d'Eſpagne de ſenſibles témoignages

moignages de la bien-veillance dudit Conneſtable, diuers beaux preſens, & particulierement vn authentique en parchemin, ſcelé du ſceau des armes & ſigné de la main dudit Officier de cette Couronne, par lequel il recōnoiſt ce Gentil homme ſon parent; cét acte en latin commence par ces paroles, *Nos Inigus Melchior Fernandes de Velaſco*, &c. & que pour la facilité du Lecteur i'ay fait traduire en noſtre langue.

Nous *Inigue Melchior Fernand de Velaſque & de Tobar, Conneſtable des Royaumes de Caſtille & de Leon, grand Chambellan, grand Veneur, & grand Eſchançon*

Q

du Roy d'Espagne, Duc de Frias, Marquis de Berlanga, Comte de Haro & de Castelnouo, Seigneur des Maisons, des sept enfans de Lara & des Villes de Hosma & d'Arnedo, comme des bourgades de Vilalpande, Pandrera, &c. Nous faisons sçauoir à tous qu'il appartiendra, que par bons documens & connoissances certaines, il nous appert que l'illustre & noble Iean Baptiste l'Hermite de Souliers, Cheualier de l'Ordre du Roy tres-Chrestien, & l'vn des Gentils-hommes seruans de sadite Maiesté, tire son origine de l'ancienne & illustre maison de l'Hermite de Souliers dans la Prouince de Limosin en France, de laquelle mesme famille estoit Renaud de l'Hermite de Souliers, de bonne memoire, Mareschal de Castille, pere d'vne de nos ayeules appellée Marie l'Hermite de Souliers, duquel mariage sont issus nos ancestres comme plusieurs autres tres-illustres familles du Royaume d'Espagne, ainsi que celles de Hardone, d'Arragon, de Beneuento, de Mandoce, de Gasman & plusieurs autres, qui composent les plus illustres noms qui soient entre les hommes : c'est pourquoy voulant traiter auec affection le susdit Iean Baptiste l'Hermite de Souliers nostre parent, nous exhortons tous ceux qui sont issus de cette mesme alliance, de le reconnoistre à l'aduenir pour tel, & de luy conseruer vne mesme bien-veillance : En foy dequoy satisfaisant à la priere du susdit Iean Baptiste, Nous auons fait expedier le present témoignage que nous auons souscrit & fait contre-signer par nostre Secretaire, auquel aussi nous auons fait apposer le sceau de nos armes. Donné à Sigouie le vingt-uniéme Decembre 1654. Signé, IL CONDESTABLE; & plus bas par le commandement de son Excellence, FRANCESCO SARGADO.

Ce Connestable, aujourd'huy Viceroy & Capitaine General au Royaume de Galice, est fils de Bernardin de Velasque huitiéme de sa famille, Connestable de Castille, & d'Elizabeth de Gufman, & ledit Bernardin eſtoit fils du grand Conneſtable Iean Fernandes, & de Ieanno de Cordoüe & d'Arragon, ſeconde femme dudit Iean, lequel auoit épouſé en premieres nopces Marie Giron fille du Duc d'Oſſonne, duquel mariage il ne laiſſa que Dom Inigue Fernand de Velaſque, Comte de Haro, mort ſans ſucceſſeurs, & Anne de Velaſque Ducheſſe de Bragance, de laquelle ſont iſſus les Roys de Portugal aujourd'huy regnans.

Vn grand Seigneur. Gil-Cha. 15. les de Souuré, Marquis de Pa. 98. Courtanuaut, Cheualier des Ordres du Roy, grand Maiſtre de la Garderobe, premier Gentil-homme de la Chambre, Mareschal de France, &c. lors Gouuerneur de la personne du Roy.

Pa. 100. *M'osta nostre Precepteur.* Le Sieur du Pont, qui fut nommé Precepteur de Gaston de France Duc d'Orleans, Frere vnique du Roy Louys XIII.

Pa. 101. *L'vne des Maisons Royales.* Fontaine-bleau où la Cour estoit pour lors.

Cha. 16. *Vne grande Ville Marchande.*
Pa. 167. La ville de Roüen.

Pa. 168. *Albion.* L'Angleterre, ainsi appellée.

Cha. 24. *Chez vn grand Seigneur.* Vn Milor des plus puissans dont le nom est anonyme.

Cha. 26. *Ma belle Escoliere.* La fille d'vn Milor dont il fut aimé.

TABLE DES CHAPITRES.

CHAPITRE I.

Relude du Page disgracié.
page 1

CHAPITRE II.

L'origine & naissance du Page disgracié. page 5

CHAPITRE III.

L'Enfance & l'elevation du Page disgracié. p. 10

CHAPITRE IV.

Comme le Page disgracié entre au service d'vn grand Prince. p. 14

CHAPITRE V.

L'affinité qu'eut le Page disgracié auec vn autre Page de la Maison, dont

Q iiij

TABLE

l'amitié luy fut preiudiciable. p. 20

CHAPITRE VI.
Mort deplorable d'vn des Maistres du Page disgracié. p. 27

CHAPITRE VII.
Comme le Page disgracié faisoit la Cour à son Maistre, qui estoit tombé malade d'vne fievre tierce. p. 33

CHAPITRE VIII.
D'vne linote qui auoit cousté dix pistoles au Maistre du Page disgracié, & qui ne sceut iamais sifler. p. 39

CHAPITRE IX.
La premiere connoissance que le Page fit auec vn Escolier débauché qui faisoit des vers. p. 53

CHAPITRE X.
De quelle sorte le Page disgracié fut recous des mains de son Precepteur.
page 61

CHAPITRE XI.
De la paix fourée qui fut faite entre le Page disgracié & son Precepteur.
page 66

DES CHAPITRES.

CHAPITRE XII.
Comme le Page disgracié fut prié de donner son iugement sur une belle Ode. page 70

CHAPITRE XIII.
Par quelle auanture le Page disgracié donna procuration à un autre pour receuoir la discipline au lieu de luy. p. 76

CHAPITRE XIV.
Comme le Page disgracié fut pris pour un Magicien. p. 83

CHAPITRE XV.
Comme le Page disgracié donna six coups d'espée à un Cuisinier qui luy fit peur, & quelle fut sa premiere fuite. page 90

CHAPITRE XVI.
Seconde fuite du Page disgracié, pour auoir mis l'espée à la main parmy les Gardes du Prince. p. 98

CHAPITRE XVII.
L'estrange rencontre que fit le Page disgracié dans une meschante hostelerie. p. 106

Q v

TABLE

CHAPITRE XVIII.
Comme le Page disgracié fit connoissance auec vn homme qui auoit la pierre philosophale. p. 114

CHAPITRE XIX.
Comme le Page disgracié gousta de ce que le Philosophe nommoit Medecine vniuerselle, & quelle fut leur separation. p. 126

CHAPITRE XX.
La separation du Page disgracié, & du Philosophe, & par quel moyen le Page passa la Mer. p. 135

CHAPITRE XXI.
Comme le Page disgracié, aprés vne tempeste, mit en pratique vne poudre que le Philosophe luy auoit donnée, & quel effet elle produisit. p. 140

CHAPITRE XXII.
L'arriuée du Page disgracié à Londres, & la mauuaise fortune qu'il eut chez vn Marchand. p. 145

CHAPITRE XXIII.
Comme le Page disgracié sortit du

DES CHAPITRES.

logis du Marchand, & de quelle sorte il fut seruy par vn Maistre d'Hostel de ses amis. p. 154

CHAPITRE XXIV.

De quelle maniere le Page disgracié fut fait esclaue d'vne grande Dame. page 160

CHAPITRE XXV.

Comme le Page disgracié & le Maître d'Hostel se separerent. p. 167

CHAPITRE XXVI.

Les premieres amours du Page disgracié. p. 169

CHAPITRE XXVII.

Quelle fut la premiere preuue d'affection que le Page disgracié receut de sa Maistresse. p. 176

CHAPITRE XXVIII.

Comme le Page disgracié fit en confidence auec la Fauorite de sa Maîtresse. p. 183

CHAPITRE XXIX.

Par quelle innocente occasion le Page disgracié s'attira la haine d'vn Escuyer

TABLE

de la maison qui estoit secretement amoureux de sa Maistresse. p. 191

CHAPITRE XXX.

Seconde jalousie de la Maistresse du Page disgracié, & l'inuention qu'il trouua pour n'estre pas soupçonné d'amour, surpris en pleurant auprés d'elle. p. 196

CHAPITRE XXXI.

Suite de la jalousie de la Maistresse du Page disgracié, & quel progrez cela fit faire à son amour. p. 205

CHAPITRE XXXII.

Comme le Page disgracié fut empoisonné. p. 216

CHAPITRE XXXIII.

Le partement du Page disgracié auec sa Maistresse, & comme il receut vne lettre de sa cousine. p. 222

CHAPITRE XXXIV.

Les Presents que le Page disgracié receut de la part de sa Maistresse, ainsi qu'ils faisoient voyage ensemble. p. 232

CHAPITRE XXXV.

D'vne favorable nuict où le Page

DES CHAPITRES.

difgracié receut d'autres gages de l'affection de fa Maiftreffe. p. 238

CHAPITRE XXXVI.

Le feiour que fit le Page difgracié en la maifon de fa Maiftreffe, & quelle eftoit l'habilité de fa Fauorite. p. 244

CHAPITRE XXXVII.

Le procedé qu'eut le Page difgracié auec l'Efcuyer de la maifon. p. 249

CHAPITRE XXXVIII.

Des Felicitez nouuelles du Page difgracié, & du fage auis qu'on luy donna. p. 263

CHAPITRE XXXIX.

Les generofitez amoureufes de la Maîtreffe du Page. p. 269

CHAPITRE XL.

De l'ordre que le Page difgracié donna pour auoir des nouuelles du Philofophe, & comme il fut empoifonné dans vne amelette fucrée. p. 276

CHAPITRE XLI.

Comme le Page difgracié faillit d'être affafiné dans fa chambre, & de

TABLE DES CHAP.

la prison où il fut renfermé.   p. 285

CHAPITRE XLII.

Comme la mere de la Maistresse du Page disgracié agit contre luy, au lieu de trauailler à faire punir ses assassins. page 292

CHAPITRE XLIII.

De quelle sorte on trauailloit au procez du Page disgracié, & comment la Fauorite de sa Maistresse le vint visiter. page 299

CHAPITRE XLIV.

Les consolations que le Page disgracié receut durant sa captiuité.   p. 308

CHAPITRE XLV.

Suite du Procez du Page disgracié & comme sa prison fut changée.   p. 313

CHAPITRE XLVI.

De quelle sorte Lidame vint retirer le Page disgracié de prison.   p. 322

Fin de la Table des Chapitres.

PRIVILEGE DV ROY.

LOVIS par la grace de Dieu Roy de France & de Nauarre. A nos Amez & Feaux Conseillers les Gens tenans nos Cours de Parlement, Maistres des Requestes ordinaires de nostre Hostel, Baillifs, Seneschaux, Preuosts, ou leurs Lieutenans, & à tous nos Iusticiers & Officiers qu'il appartiendra, SALVT. Nostre bien-amé ANDRE' BOVTONNE', Marchand Libraire en nostre bonne Ville de Paris, Nous a fait remontrer qu'il luy a esté mis entre les mains vn Roman intitulé, *Le Page disgracié, auec les Remarques*; lequel il desireroit faire imprimer vendre & debiter, s'il auoit nos Lettres sur ce necessaires, qu'il Nous a supplié tres-humblement luy octroyer. A CES CAVSES, desirant fauorablement traitter l'Exposant, Nous luy auons permis & permettons par ces presentes, d'imprimer, vendre & debiter ledit Roman durant cinq années, à commencer du iour qu'il fera acheué d'imprimer ; pendant lequel temps faisons deffenses à tous Libraires, Imprimeurs, & autres personnes, de quelque qualité & condition qu'ils soient, de l'imiter en quelque sorte & maniere que ce soit, si ce n'est du consentement dudit Exposant ; à peine de confiscation des Exemplaires contrefaits, & de mil liures d'amande, applicable vn tiers à Nous, vn tiers à l'Hospital General de cette Ville, & l'autre tiers à l'Exposant, & de tous ses dépens, dommages & interests. A la charge de mettre deux Exemplaires en nostre Bibliotheque publique, vn en celle de nôtre Cabinet du Louure, & vn autre en celle de nostre tres cher & Feal Cheualier, Chancelier de France, le Sieur Seguyer : Comme aussi de faire Registrer ces presentes és Registres du Syndic des Libraires de nostredite Ville de Paris, auant que de l'exposer en vente. Du contenu desquelles, Nous vous Mandons faire joüir & vser l'Exposant pleinement & paisiblement : Voulons qu'en mettant au commencement ou à la fin dudit Liure vn Extrait d'icelles, elles soient tenuës pour bien & deuëment signifiées. COMMANDONS au premier no-

ſtre Huiſſier ou Sergent ſur ce requis de faire pour l'execution de ce que deſſus tous Exploits & Significations que beſoin ſera, ſans demander autre permiſſion. CAR TEL EST NOSTRE PLAISIR, nonobſtant clameur de Haro, Chartre-Normande, & Lettres à ce contraires. Donné à Paris le vingt-neufiéme iour de Decembre, l'an de grace mil ſix cens ſoixante-ſix. Et de noſtre Regne le vingt-quatriéme.
Par le Roy en ſon Conſeil.

GVITONNEAV.

Regiſtré ſur le Liure de la Communauté des Marchands Libraires, Imprimeurs & Relieurs de Paris, ſuiuant l'Arreſt du Parlement, en datte du 8. Avril 1653. Fait à Paris ce 14. Avril 1667. Signé PIGET, Syndic.

Les Exemplaires ont eſté fournis.

www.ingramcontent.com/pod-product-compliance
Lightning Source LLC
Chambersburg PA
CBHW060608170426
43201CB00009B/944